PiRi

Das Sprach-Lese-Buch 2

Erarbeitet von
Angela Hock-Schatz
Sonja Kargl
Ute Schimmler
Sabine Trautmann

Beratung von
Christa ten Broek
Manuela Burgard
Judith Havenith-Kluck
Marion Kosmowski
Hedda Otterbach

Ernst Klett Grundschulverlag
Leipzig Stuttgart Düsseldorf

PiRi
Das Sprach-Lese-Buch 2

Erarbeitet von
Angela Hock-Schatz
Sonja Kargl
Ute Schimmler
Sabine Trautmann

Beratung von
Christa ten Broek
Manuela Burgard
Judith Havenith-Kluck
Marion Kosmowski
Hedda Otterbach

Illustrationen:
Antje Damm
Sylvia Graupner
Heike Herold
Dieter Konsek
Cleo-Petra Kurze
Claudia Weikert

1. Auflage A 1 6 5 4 3 | 07 06 05 04

Alle Drucke dieser Auflage können im Unterricht nebeneinander benutzt werden, sie sind untereinander unverändert.
Die letzte Zahl bezeichnet das Jahr dieses Druckes.

Internetadresse: http://www.klett-verlag.de

Umschlag/Kapitelauftaktseiten:
Steffi Kassler unter Verwendung der Illustrationen von Sylvia Graupner und Claudia Weikert
Layout und grafische Gestaltung:
Dagmar & Torsten Lemme
Repro: Meyle + Müller, Pforzheim
Druck: APPL, Wemding
ISBN 3-12-270401-3

9 783122 704018

Zeichenerklärung:

Verweis zum Leselexikon

Verweis zum Lesetext

Inhalt

Ich mag ...

Im zweiten Schuljahr

❶ Wie stellst du dir das 2. Schuljahr vor?
Unterhalte dich mit den anderen Kindern darüber.

Gesprächsregeln
1. Ich melde mich, bevor ich rede.
2. Ich spreche nur, wenn ich an der Reihe bin.
3. Ich sehe meinen Gesprächspartner an.
4. Ich höre anderen genau zu.

❷ Warum sind Regeln wichtig?

❸ Findet ihr weitere Regeln für eure Klasse?

❹ Ihr könnt ein Plakat mit Regeln für euer Klassenzimmer gestalten.

Unsere Wünsche

Ich heiße Anna.
Ich bin acht Jahre alt
und gehe in die 2. Klasse.
Ich möchte lustige Bücher lesen
und neue Lieder lernen.
Beim Rechnen will ich
weniger Fehler machen.

Ich heiße Timo.
Ich bin acht Jahre alt
und gehe in die 2. Klasse.
Ich mag Sport
und möchte oft Fußball spielen.
Ich will endlich bis 100 rechnen.
Für Diktate möchte ich nicht
so viel üben.

Ich bin Piri, das Wiesel.
Ich will dir Tipps bei der Arbeit
mit diesem Buch geben.

1. Schreibe auf, was Anna und Timo sich wünschen.

2. Du kannst aufschreiben,
was du dir in der 2. Klasse wünschst.

spielen lesen rechnen lernen wollen – will

Abc-Spielereien

A B C D E F G H I J K L M N O P Q R S T U V W X Y Z

A und B und C –
ein Hase sitzt im Klee.
D E F G H –
er sitzt sehr lange da.
I J K und L –
dann springt er auf ganz schnell –
M N O P Q –
und ist davon im Nu.
R S T U V –
es rief ihn seine Frau –
W X Y Z –
ins Möhrenfeld, wie nett!

❶ Schreibe das Abc-Gedicht ab.

So kannst du das Abschreiben üben:

1. Lies den Text.
2. Lies eine kurze Wortgruppe.
3. Decke sie zu und schreibe sie auf.
4. Vergleiche: Hast du alles richtig?

Du kannst dieses Gedicht oder „Das Abc im Rückwärtsgang" auswendig lernen. S. 17

Noch mehr Abc-Spielereien

HAFER	DER	FRISST	ESEL	GERN
ORANGEN	LAMAS	NIE	PFLÜCKEN	MÖCHTEN

1. Ordne die Wörter in jeder Zeile nach dem Abc.
   Was stellst du fest?

2. Du kannst auch selbst Abc-Spiele erfinden.

3. Die folgenden Wörter stehen in der Wörterliste ab Seite 188.
   Welches Wort findest du jeweils darunter?
   Schreibe es auf. Dabei entstehen zwei Sätze.

winzig	sieht	gelb	zurufen
Wir	*sind*	...	

abwaschen	sind	Eimer	lieben
...	...		

Anna hat Geburtstag

Von Pia bekommt Anna eine Spieluhr.
Bernd schenkt ihr ein Buch.
Ihre Schwester Lea
malt ihr ein Bild, auf dem ein Haus,
eine Wolke und ein Baum
zu sehen sind.
Das schönste Geschenk
bekommt sie von Oma.
Sie schenkt Anna einen
zweiten gelben Wellensittich.

Menschen, Tiere, Pflanzen und Dinge haben Namen.
Sie werden Nomen (Namenwörter) genannt.
Nomen werden immer großgeschrieben.

1. Schreibe den Text ab. Unterstreiche alle Nomen.

2. Schreibe die Buchstaben deines Namens untereinander.
   Finde zu jedem Buchstaben ein Nomen.

Pizza	Lied
Insel	Indianer
Rose	Salzstangen
Igel	Apfelsaft

Uhr Buch Bild Haus Wolke Baum

Viele Geschenke

Nomen haben Begleiter. Sie werden Artikel genannt.
Es gibt die Artikel **der, die, das**: **der** Mann, **die** Frau, **das** Kind.

1. Welche Dinge siehst du auf dem Tisch?
   Ordne die Nomen in eine Tabelle.

der	die	das

2. Du kannst auch eigene Nomen eintragen.
3. Schreibe alle Nomen noch einmal mit Artikel auf.
4. Ihr könnt eure Lieblingsdinge oder Geschenke ausstellen.
   Schreibt dazu kurze Texte.

Eine Katze für Timo

„Meine Katze hat vier Junge bekommen“, sagt Anja eines Tages zu Timo.
„Willst du nicht eine Katze haben?“
Timo wünscht sich schon lange eine Katze.

Am Nachmittag besucht er Anja.
Die kleinen Katzen kuscheln sich an ihre Mutter.
Timo ist ganz aufgeregt.
Er zeigt auf ein graues Katzenkind und ruft: „Am liebsten möchte ich **die** Katze haben.“

1. Kannst du erklären, warum es manchmal **die Katze** und manchmal **eine Katze** heißt?

Nomen können bestimmte und unbestimmte Artikel (Begleiter) haben. Bestimmte Artikel sind **der**, **die** und **das**; unbestimmte Artikel sind **ein** und **eine**.

Zu Hause erzählt Timo seiner Mutti:
„Anjas Katze hat vier Junge bekommen.
Sie würde mir ___ Katze schenken.
Ich habe mir ___ kleinen Katzen angeschaut.
Drei Katzen sind rot und eine ist grau.
Ich möchte ___ graue Katze haben.“

2. Schreibe mit Artikeln ab, was Timo erzählt.

Katze klein grau haben – hat schenken

Noch mehr Tiere

Monas Lieblingstier ist ein Elefant.
Sie gibt ihm jeden Tag Futter.
Manchmal schlingt er seinen Rüssel
um sie und hebt sie auf seinen Rücken.
Das ist sehr hoch,
aber Mona mag es trotzdem.

1. Wo könnte Mona leben?
2. Schreibe die Nomen aus dem Text ab. Male die Anfangsbuchstaben farbig nach.
3. Zeigt Bilder von euren Lieblingstieren und erzählt dazu.
4. Schreibe auf, was du über dein Lieblingstier weißt. S. 23

Was ich an dir mag

Die Kinder der 2c kennen sich seit einem Jahr.
Jedes Kind hat aufgeschrieben,
warum es ein anderes Kind besonders mag.

Ich mag Lars-Helme.
Ich mag Lars-Helme sehr.
Ich mag Lars-Helme sehr gern.
Ich mag Lars-Helme sehr gern,
weil ich ihn liebe.

Alle diese Sätze sind Aussagesätze.
Am Satzanfang schreiben wir immer groß.
Sie enden mit einem Punkt.

1. Schreibe ähnliche Sätze über Kinder deiner Klasse.
2. Lies deine Sätze einem anderen Kind vor.

Im Leseteil findest du das Gedicht „Wen du brauchst“. S. 20

Freundschaft

Anna und Mona

Mona ist Annas Freundin sie gehen zusammen zur Schule sie spielen gemeinsam auf dem Schulhof am Nachmittag lernen sie zusammen manchmal haben sie sogar die gleichen Träume

1. Schreibe die Sätze richtig auf.
2. Zeichne die Satzanfänge und die Punkte farbig nach.

In der Schule

Timo mag Max.
Er möchte neben Max sitzen.
Aber Max sitzt neben Lukas.
Die Kinder denken nach.

3. Übe den Text als Diktat.

So kannst du ein Diktat üben:

1. Lies den Text.
2. Lies einen Satzteil und decke ihn zu.
3. Schreibe ihn auswendig auf.
4. Vergleiche: Hast du alles richtig?

Schule mögen – mag – möchte sitzen denken

Zungenbrecher

Zwischen zwei …
Zwischen zwei Zwetschenzweigen …
Zwischen zwei Zwetschenzweigen zwitschern …
Zwischen zwei Zwetschenzweigen zwitschern zwei Zeisige.

Wir Wiener Waschweiber würden weiße Wäsche waschen,
wenn wir wüssten, wo warmes Waschwasser wär.

Fischers Fritze fischte frische Fische.
Frische Fische fischte Fischers Fritze.

- Lies die Zungenbrecher so schnell wie möglich vor.

Lauter Unsinn

Am Abend arbeiten alle Ameisenbären.

Viele Vögel verderben viele Vogelhäuschen.

Wilde Wiesel wackeln wendig wie Wackelpudding.

Klara kann komische kalte Kaugummis klein kauen.

- Fällt dir an den Sätzen etwas auf?
- Denkt euch gemeinsam Zungenbrecher oder Unsinnsätze aus.

Anja ärgert sich

Die Klasse 2 c hat eine neue Sportlehrerin.
Alle Kinder sollen laufen.
Die Lehrerin stoppt die Zeit.
Sie hat eine Liste
und ruft die Namen nacheinander auf.
Anja ärgert sich.
Sie wartet schon ewig.
Zuerst kommen die Jungen an die Reihe,
dann die Mädchen.
So ist es immer.
Außerdem heißt Anja mit Nachnamen
auch noch Webel.
Das W kommt im Alphabet ganz weit hinten.
Anja geht zur Lehrerin:
„Können wir nicht einmal mit den
Mädchen anfangen?
Warum muss es immer nach den
Nachnamen gehen?
Ich finde unsere Vornamen viel schöner."
Da muss die Lehrerin lachen.

Sabine Trautmann

Das Abc im Rückwärtsgang

Kennst du das ZYX?
Für den Könner ist das nix.
WVU, TSRQ.
Siehst du wohl, das geht im Nu.

PONM, LKJI.
Aufgepasst! Das schadet nie.
Noch mal Gas, dann sind wir da:
HGFE, DCBA.

Josef Guggenmos

Sabine

Wenn Sabine Hunger hat,
dann sagt sie:
Ich habe Hunger.

Wenn Sabine Durst hat,
dann sagt sie:
Ich habe Durst.

Wenn Sabine Bauchweh hat,
dann sagt sie:
Ich habe Bauchweh.

Dann bekommt sie zu essen,
zu trinken und auch
eine Wärmflasche auf den Bauch.

Und wenn Sabine Angst hat,
dann sagt sie nichts.

Und wenn Sabine traurig ist,
dann sagt sie nichts.

Und wenn Sabine böse ist,
dann sagt sie nichts.

Niemand weiß,
warum Sabine Angst hat.

Niemand weiß,
warum Sabine traurig ist.

Niemand weiß,
warum Sabine böse ist.

Niemand kann Sabine verstehen
und niemand kann Sabine helfen,
weil Sabine
nicht über Sabine spricht.

Marianne Kreft

- Kannst du Sabine helfen?
- Mit wem sprichst du, wenn du traurig bist?

Jakob ist traurig

Warum?
Vielleicht hat er eine Geschichte erzählt,
und keiner hat ihm zugehört.
Vielleicht hat er ein Lied gesungen,
und die anderen haben sich die Ohren zugehalten.
Vielleicht hat er Lust auf ein Schmalzbrot gehabt,
und keiner hat ihn abbeißen lassen.

Es gibt so viele Dinge,
die ihn traurig machen.

Jakob ist froh

Warum?
Vielleicht hat er eine Geschichte erzählt,
und die anderen haben ihm zugehört.
Vielleicht hat er ein Lied gesungen,
und die anderen haben gerufen:
„Bitte noch einmal von vorn!"
Vielleicht hat er Lust
auf ein Schmalzbrot gehabt,
und Kathi hat ihn
abbeißen lassen.

Es gibt so viele Dinge,
die einen froh machen.

Lene Mayer-Skumanz

- Was macht dich froh oder traurig?
  Du kannst es auch aufschreiben.

Das wünsch' ich mir

Ich möcht' ein bisschen glücklich sein.
Ich möchte mich mit andern freun.
Ich wünsch' mir, dass mich jemand fragt:
„Wie geht es dir?“, und einfach sagt:
„Ich mag dich und bin gern bei dir!“
Das wünsch' ich mir!

Rolf Krenzer

Wen du brauchst

Einen zum Küssen und Augenzubinden,
einen zum Lustige-Streiche-Erfinden.
Einen zum Regenbogen-Suchen-Gehn
und einen zum Fest-auf-dem-Boden-Stehn.
Einen zum Brüllen, zum Leisesein einen,
einen zum Lachen und einen zum Weinen.
Auf jeden Fall einen, der dich mag,
heute und morgen und jeden Tag.

Regina Schwarz

Sofie hat einen neuen Pullover

Oma hat Sofie einen neuen Pullover geschenkt. Er ist knallrot und hat einen Rollkragen. Sofie findet den Pullover schön. Die werden in der Schule staunen! Auf dem Stuhl sitzt sie ganz gerade, damit man den Pullover auch gut sieht. In der Pause spielt sie nicht mit, damit der Pullover nicht schmutzig wird. Aber keiner sagt etwas, nicht mal Frau Heinrich. Am nächsten Tag will sie den Pullover nicht mehr anziehen. „Du spinnst wohl“, sagt Sofies Mutter. „Nein, ich spinne nicht“, sagt Sofie. „Keiner mag den Pullover.“ „Wieso?“, fragt Mutter. „Keiner hat was gesagt.“ „Hör mal“, sagt Mutter, „du hast mir doch erzählt: Olli hat so schöne neue Stiefel. Hast du ihm was dazu gesagt?“ „Nein“, sagt Sofie.

Peter Härtling

- Was tut Sofie, damit die anderen ihren Pullover sehen?
- Warum möchte Sofie den Pullover nicht mehr anziehen?
- Ist es wichtig, etwas Schönes anzuhaben?

Weißt du eigentlich, wie lieb ich dich hab?

„Rate mal, wie lieb ich dich hab“,
sagte der kleine Hase zum großen Hasen.
„Oh“, sagte der große Hase,
„ich glaub nicht, dass ich das raten kann.“
„So sehr“, sagte der kleine Hase
und breitete seine Ärmchen aus,
so weit er konnte.
Der große Hase hatte viel längere Arme.
„Aber ich hab dich sooo sehr lieb“,
sagte er.

Hm, das ist viel,
dachte der kleine Hase.
„Ich hab dich lieb,
so hoch ich reichen kann“,
sagte der kleine Hase.
„Ich hab dich lieb,
so hoch ich reichen kann“,
sagte der große Hase.
Das ist ziemlich hoch,
dachte der kleine Hase.

Sam McBratney, Anita Jeram

Lieblingstiere

Thomas bekommt
eine Katze geschenkt.
Die Katze ist schwarz
und hat weiße Pfötchen.
Anna sagt:
„Bring die Katze doch
mal mit, dann kann sie
mit meinem Vogel spielen."

- Wie wird sich Thomas entscheiden?

Die Katze aus dem Tierheim

Auch im Tierheim kannst du
Katzen finden, die zu dir passen.
Alle suchen ein neues Zuhause.
Einige wurden vorher schlecht
behandelt und brauchen Zeit
um sich an dich zu gewöhnen.

Tadellos sauber

Untersuche die neue Katze genau:
Sind Augen, Ohren und Nase sauber?
Öffne behutsam das Mäulchen
und prüfe Zähne und Gaumen.
Dann schau dir das Fell an.
Es muss sauber sein,
denn gesunde Katzen putzen sich täglich.
Und wirf auch einen Blick
unter den Schwanz.

ÜBUNGEN

Das Abc

A B C R D E F I G H C I J K L H M
N T O P Q R I S T U V W G X Y Z

1. Sieben Buchstaben passen nicht an dieser Stelle in das Abc.
Schreibe sie nacheinander auf.
Welches Wort entsteht?

2. Welche zwei Buchstaben stehen nach: *F, L, O, T, V*?
Schreibe so: *F G _, L _ _, . . .*

3. Welche zwei Buchstaben stehen vor: *K, R, U, T, Y*?
Schreibe so: *_ J K, _ _ R, . . .*

Affe	Maus	Kamel	Pferd	Seelöwe	Vogel
Fisch	Bär	Igel	Nashorn	Tiger	Wal
Hund	Elefant	Giraffe	Löwe	Zebra	Qualle

4. Welche Tiere kennst du aus dem Zirkus? Schreibe die Namen ab.

5. Schreibe alle Tiernamen nach dem Alphabet geordnet auf.

Arbeit mit der Wörterliste

Baum	Buch	Haus	Katze	Schule	Bild	Vogel

6. Suche diese Wörter in der Wörterliste.
Auf welcher Seite stehen sie?
Schreibe so: *der Baum S. 188, . . .*

ÜBUNGEN

Nomen und Artikel

Die Kinder der 2a haben mitgebracht,
was sie besonders mögen.
Lea legt eine Kette auf den Tisch.
Timo mag seine Puppe,
aber er bringt lieber sein Auto mit.
Katrin spielt gerne Ball.
Alex will seinen Computer mitbringen,
doch das darf er nicht.
Darum stellt er ein Spiel aus.

1. Schreibe den Text ab.

2. Unterstreiche, was die Kinder mitbringen.

3. Ordne die unterstrichenen Nomen
nach dem Artikel in eine Tabelle.

der/ein	*die/eine*	*das/ein*

Tom geht in ___ 2. Klasse.
Er hat ___ Hund.
___ Hund heißt Max.
Tom wünscht sich ___ Fahrrad zum Geburtstag.
___ Fahrrad soll blau sein.

4. Schreibe den Text mit den passenden Artikeln ab.

5. Übe den Text als Diktat.

ÜBUNGEN

Sätze bilden

Mona und Max fahren	Ferien.
Oma und Opa gehen	mit den Kindern.
Die Kinder essen	Fahrrad.
Die Eltern spielen	Pizza mit Salami.
Alle mögen	in den Zoo.

❶ Schreibe sinnvolle Sätze.

Pirimachtvielespäßeinderschule.
Auchdielehrerinmusslachen.

❷ Schreibe die Sätze richtig auf. Achte auf die Nomen.

Mein Name ist Anna ich bin acht Jahre alt ich singe
gern darum möchte ich einmal Musikerin werden
ich tanze oft deshalb werde ich vielleicht auch lieber Tänzerin

❸ Schreibe die Sätze richtig auf.
Beginne am Satzanfang groß und
setze am Satzende einen Punkt.

❹ Zeichne die Satzanfänge und Punkte farbig nach.

Haustiere

Alexander liebt Hunde.
Lisa hat Angst vor ihnen.
Sie mag lieber Kaninchen.
Ihr Kaninchen heißt Herbert.
Ihre Freundin hat eine Katze.

❺ Übe den Text als Diktat.

ÜBUNGEN

Anja ärgert sich S. 17

Die Klasse 2c hat *eine neue Sportlehrerin/einen neuen Sportlehrer*.

Zuerst kommen die *Jungen/Mädchen* an die Reihe,
dann die *Mädchen/Jungen.*

Das W kommt im Alphabet ganz weit *vorn/hinten*.

Warum muss es immer nach den *Vornamen/Nachnamen* gehen?

Da muss *der Lehrer/die Lehrerin lachen/weinen*.

1 Schreibe den Text mit den zutreffenden Wörtern ab.

Sofie hat einen neuen Pullover S. 21

Oma hat Sofie einen neuen Pullover gestrickt.
Oma hat Sofie einen neuen Pullover geschenkt.

Er ist knallbunt und hat einen Kragen.
Er ist knallrot und hat einen Rollkragen.

Sofie findet den Pullover schön.
Sofie findet den Pullover blöd.

Am nächsten Tag will sie den Pullover nicht mehr anziehen.
Am nächsten Tag will sie den Pullover noch einmal anziehen.

Olli hat so schöne neue Stiefel.
Olli hat so schöne alte Stiefel.

2 Schreibe die zutreffenden Sätze auf.

Bücher lesen, heißt
wandern gehen in ferne Welten,
aus den Stuben, über die Sterne.
Jean Paul
Ich lese gerne Donald Duck, weil es lustig ist. Judith
Ich lese über Tiere, weil mich das interessiert. Jessica
Ich lese
weil sie
spannen
Ich lese gerne Kinderkrimis. Franziska
Ich Lese
im Fer
Ich lese Bücher, weil ich Millionär werden kann. Manuel
Ich lese Bücher, wenn meine Schwester mich nervt. Nadine
Ich lese, weil ich viel erfahren will. Stefanie
Ich les
Serien
die Folge
drauße

Vom Lesen und Schreiben

Die Bücherei

In der Bücherei gibt es viele Bücher.
Damit man die einzelnen Bücher leichter findet,
sind sie nach Bucharten und dem Abc sortiert.

In welchem Buch
- gibt es viele Bilder?
- steht dein Lieblingsrezept?
- erfährst du etwas über Tiere?
- findest du Märchen?
- kannst du Wörter nachschlagen?

1. Schreibe die Antworten in dein Heft.
2. Kennst du noch andere Bucharten?
3. Du kannst weitere Fragen zu Büchern stellen und diese beantworten lassen.

Die Klassenbücherei

Ihr könnt eine Klassenbücherei einrichten.
Um alle Bücher im Überblick zu haben, solltet ihr Lesekarten anlegen und diese nach dem Abc ordnen.

1. Hier sind einige Karten durcheinander geraten.
   Kannst du sie nach dem Autor/der Autorin ordnen?

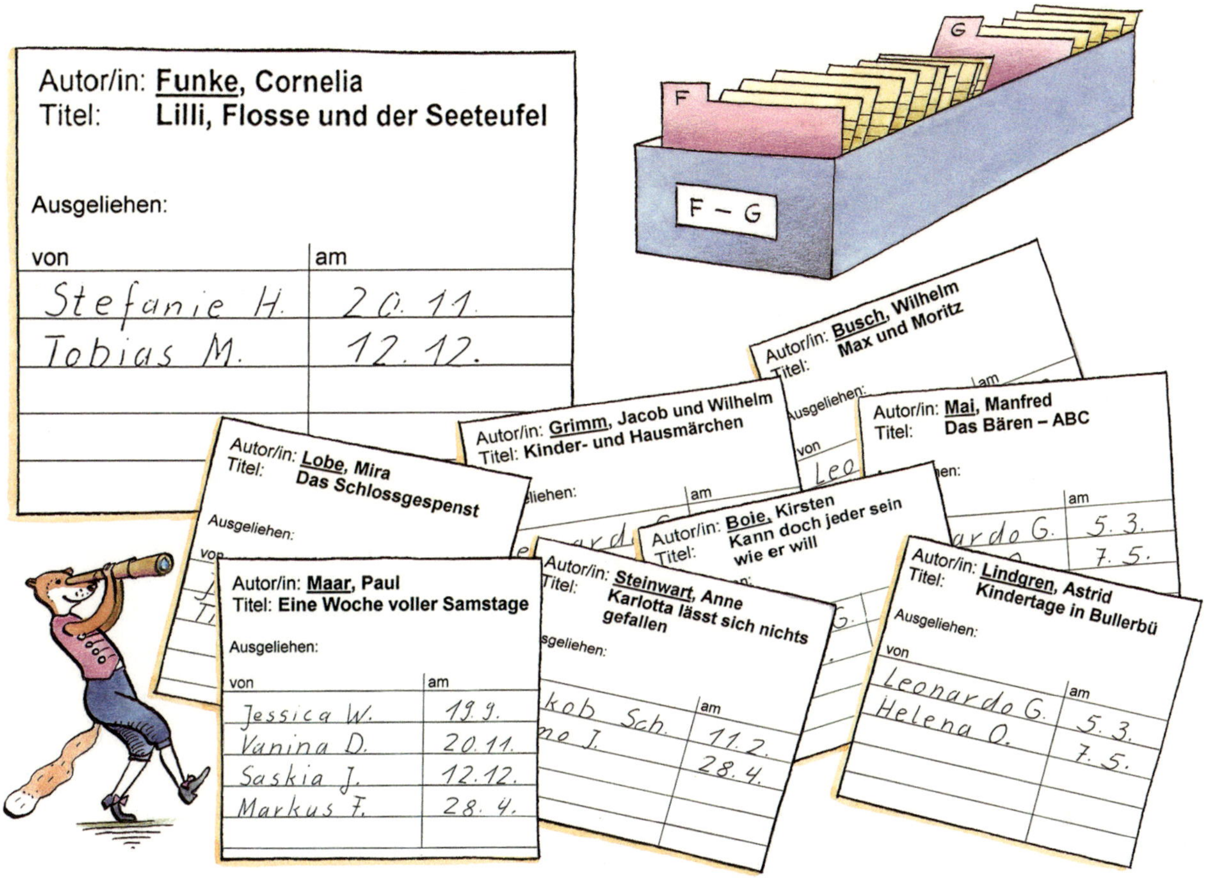

Wenn man Wörter mit gleichen Anfangsbuchstaben nach dem Abc ordnen will, muss man den zweiten, dritten … Buchstaben vergleichen.

L i n d g r e n   M a a r
L o b e   M a i

Besucht eine Bücherei in eurer Nähe. S. 48

Meine Bücher

Ich liebe meine Bücher,
jedes Buch ist ein Haus.
Die Leute darin
kommen heraus.

Es kommen zu mir
Bettler, Prinz und Pilot,
Max und Moritz,
Schneeweißchen und Rosenrot.

Josef Guggenmos

1. Sprecht über eure Lieblingsbücher.
2. Schreibe auf, wer aus deinen Büchern herauskommt.

Anjas kleine Schwester hat
die Figuren aus ihren Büchern
am Computer aufgeschrieben.
Doch etwas ist schief gegangen:

3. Welche Buchstaben musst du einsetzen?
   Schreibe die Wörter vollständig ab.

A, e, i, o, u nennt man Vokale (Selbstlaute).
Alle anderen Laute des Abc heißen Konsonanten (Mitlaute).
Bei ihnen klingen Vokale mit.

4. Schreibe Figuren aus Büchern oder Filmen
   ohne Vokale auf. Setze an die Stelle der Vokale
   immer einen Punkt. Lass deinen Nachbarn raten.

Simsalabim …

… und Sumsalabum,
jetzt wandeln wir die Wörter um.
Vertauscht man a, e, i, o, u,
dann geht es wie beim Zaubern zu:

Die Hand wird zum Hund,
der Riese zur Rose,
die Jacken jucken,
die Großen grüßen,
Wappen wippen,
Nacken nicken,
Seifen saufen,
Spatz wird Spitz,

der Mond wird zum Mund,
der Hase zur …,
die Zacken …,
die Nasen niesen,
Kappen …,
Stecken …,
Reifen …,
Katz wird …,

und Nuss wird nass, das macht Spaß!

Irmela Brender

1. Schreibe das Gedicht ab.
   Ergänze die fehlenden Wörter.

B • ch	H • hn	P • lz	W • nd
B • ch	H • hn	P • lz	W • nd

2. Setze die fehlenden Vokale ein.
3. Du kannst auch solche Wortpaare bilden.
4. Du kannst Piris Reim lernen.

Hand Hund Mond Mund Riese

Medien

Medien sind Dinge,
mit denen Informationen und
Meinungen vermittelt werden.
Dazu zählen Briefe, Bücher,
Zeitungen, Zeitschriften,
aber auch der Fernseher,
das Radio oder der Computer.
Oft dienen Medien
einfach nur der Unterhaltung.

Nomen können in der **Ein**zahl (Singular) stehen:
der Brief – **ein** Brief,
oder in der **Mehr**zahl (Plural):
die Briefe – **mehrere** Briefe.

1. Schreibe den Text über Medien ab.
2. Unterstreiche alle Medien.
3. Ordne sie nach Einzahl oder Mehrzahl in eine Tabelle.

Einzahl	*Mehrzahl*
...	*die Briefe*

4. Bilde die fehlende Einzahl
oder Mehrzahl der Nomen.
Ergänze sie in der Tabelle.

Brief Zeitung Zeitschrift Radio Computer

Wenn es draußen regnet

Kim mag Geschichten über Riesen.
Ihr Bruder Max liest viele Sportzeitungen.
Mama und Papa schauen oft Filme über Tiere an.
Mit Opa macht es Spaß, am Computer zu spielen.
Oma schreibt lieber Briefe.

1. Schreibe den Text ab.
2. Suche alle Nomen in der Mehrzahl aus dem Text.
   Bilde die Einzahl und schreibe sie mit Artikel auf:
   die Geschichten – die Geschichte, …
3. Schreibe alle Wörter mit ie auf.
   Male ie farbig nach.
4. Schreibe alle Wörter mit Sp/sp auf.
5. Übe den Text mit einem anderen Kind.

So könnt ihr ein Partnerdiktat üben:
1. Lest beide den Text.
2. Ein Kind diktiert.
3. Das andere Kind schreibt.
4. Kontrolliert den Text.
5. Berichtigt die Fehler.
6. Nun kann gewechselt werden.

Tier viel lesen – liest Spaß Sport spielen

Ein Brief von Anja

Liebe Oma, lieber Opa,
Letztes Wochenende war ich mit Papa auf einem Bauernhof. Da gab es viele Kühe. Ich durfte sie füttern.
In der Nähe war ein großer Teich.
Dort haben wir viele Enten, Gänse, Schwäne und andere Vögel beobachtet.
Auch Frösche haben wir gesehen.

Liebe Grüße eure Anja

1. Warst du auch schon auf einem Bauernhof?
   Erzähle darüber.
2. Anja hat in ihrem Brief viele Nomen in der Mehrzahl verwendet.
   Schreibe sie zusammen mit der Einzahl in dein Heft.
   Was fällt dir bei a, o, u auf?

Bei manchen Nomen kann in der Mehrzahl aus einem Vokal ein Umlaut werden: a – ä, o – ö, u – ü.

Dorf	Stadt	Fluss	Hof	Huhn	Hahn	Lamm	Bach	Kalb

3. Schreibe die Nomen in der Einzahl und in der Mehrzahl auf:
   das Dorf – die Dörfer, …

Einen weiteren Brief findest du in „Post für den Tiger“. S. 39

Oma antwortet

❶ An wen könntest du schreiben?
Wenn du jemandem schreibst, achte auf die Anrede und deine Unterschrift.

❷ Ihr könnt einen Klassenbriefkasten basteln.

Manchmal passt ein Wort nicht mehr auf die Zeile.
Dann musst du es trennen.

Wörter haben Silben. Mehrsilbige Wörter können wir trennen.
In jeder Silbe steht mindestens ein Vokal oder Umlaut: le - sen.

Enten	Schwäne	Gänse	Frösche
Kühe	Vögel	Bauernhof	gesehen

❸ Kannst du diese Wörter trennen?
Schreibe so: *die En - ten, …*

Der Brief

Es kommt von mir,
es geht zu dir.
Es ist kein Mensch,
es ist kein Tier.
Es ist nur dies:
ein Stück Papier.

Ein Stück Papier,
jedoch es spricht.
Es bringt von mir
dir den Bericht:
Ich hab dich lieb,
vergiss mich nicht.

Josef Guggenmos

- Du kannst das Gedicht „Der Brief“ auswendig lernen.

So kannst du Texte auswendig lernen:

1. Lies den Text mehrmals laut. Versuche, betont zu lesen.
2. Schließe die Augen.
   Kannst du die ersten Zeilen schon auswendig?
3. Lies so oft, bis du den ganzen Text auswendig kannst.

Post für den Tiger

Einmal, als der kleine Bär
wieder zum Fluss angeln ging,
sagte der kleine Tiger:
„Immer, wenn du weg bist,
bin ich so einsam.
Schreib mir doch mal
einen Brief aus der Ferne,
damit ich mich freue, ja!“

„Ist gut“, sagte der kleine Bär
und nahm gleich blaue Tinte
in einer Flasche mit,
eine Kanarienvogelfeder,
denn damit kann man gut schreiben.
Und Briefpapier und einen
Umschlag zum Verkleben.

Unten am Fluss hängte er zuerst
einen Wurm an den Haken und
dann die Angel in das Wasser.
Dann nahm er die Feder
und schrieb mit der Tinte
auf das Papier einen Brief:

„Lieber Tiger!
Teile dir mit, dass es mir gut geht.
Wie geht es dir? Schäle inzwischen
die Zwiebeln und koch Kartoffeln,
denn es gibt vielleicht Fisch.
Es küsst dich dein Freund Bär …“

Janosch (gekürzt)

- Was könnten die beiden Freunde noch tun um sich zu verständigen?

Xaveria Rotpelz, die Bücherkatze

Die Bücherkatze Xaveria Rotpelz
verbringt die meiste Zeit des Winters
in einer gut geheizten Dachkammer.
Dort liegt sie in einer Hängematte und liest.

Die fünf Mäuse,
die auch auf dem Dachboden wohnen,
haben nichts zu befürchten.
Hier oben ist ewiger Friede –
hier wird gelesen!
Sogar die Fliegen und die Motten
lesen in dieser Dachkammer
winzige Insektenromane.
Und die Spinne, die im Gebälk wohnt,
hat schon lange
kein Netz mehr gesponnen.
Sie hat keine Zeit dazu,
sie lernt gerade das Abc.

Ganz still ist es
auf diesem Dachboden.
Man könnte meinen,
hier ist nichts los,
hier langweilt sich jeder.
Weit gefehlt!
Die Stille knistert
nur so vor Spannung.

Die Leser sind auf
fantastischer Reise.
Sie sehen Gegenden,
in die man mit keinem Schiff kommt.
Sie erleben gefährliche Abenteuer
aller Art.
Sie sehen Länder,
die es gar nicht gibt!
Überallhin kommen sie,
es gibt nichts,
das sie aufhalten kann.
Und dabei haben sie es
gleichzeitig urgemütlich.
Bücherlesen ist doch
echte Zauberei …

Erwin Moser

- Hast du auch solch einen Platz zum Lesen?
- Was hast du beim Lesen schon alles erlebt?

Bücherduft

Einen Duft gibt es, der lieblicher ist als der
von Walderdbeeren und frisch gebackenem Brot,
möchtest du den nicht riechen, Albin?
Mach es wie ich, nimm dein neues Märchenbuch,
schlage es auf und bohre die Nase zwischen
die Seiten, rieche daran, ja rieche, sage ich …,
denn in dem Duft der Druckerschwärze
wohnt das grenzenloseste aller Abenteuer.
Am Geruch schon spürst du, wie herrlich es wird,
dieses Buch zu lesen.

Astrid Lindgren

Ein Tiger will lesen

Toni sieht aus wie Toni. Aber nur von außen. Innen fletscht er die Zähne. Innen ist Toni ein Tiger. Wegen Niklas! Der sitzt im Wohnzimmer auf dem Sofa und liest. Niklas ist Tonis großer Bruder. Er liest ein Buch, das Toni gehört! Er hat nicht gefragt, ob er das darf. So macht er das immer. Er nimmt sich einfach, was er von Tonis Sachen gebrauchen kann. Nie fragt er Toni. Toni schleicht sich heran und springt mit einem Satz – rums, krach! – auf das Sofa. Niklas schaut nicht einmal auf. „Was willst du?“, fragt er unfreundlich. „Nichts“, antwortet Toni und streckt sich lang aus. Ein Tiger braucht Platz! Niklas rückt ein Stück weg und zischt: „Hau ab!“ Toni wetzt sich die Krallen. „Wieso soll ich abhauen?“, fragt er. „Ist das dein Sofa?“, Niklas stöhnt. „Frag nicht so blöd. Du störst!“ Dabei bewegt er seine Hand, als wolle er eine Fliege verscheuchen. Er hat keine Ahnung, dass ein Tiger neben ihm sitzt.

Tonis Augen funkeln gefährlich.
„Ich störe dich? Wobei denn?“
Niklas explodiert.
„Das siehst du doch. Ich lese. Hau endlich ab!“
Toni schleckt mit seiner Riesenzunge über sein Maul. Und mit seinen Tatzen reißt er Niklas das Buch aus der Hand.
„Das ist mein Buch. Ich lese jetzt. Und du haust ab. Du störst!“
Niklas guckt ihn verdattert an.
„Giftzwerg“, sagt er und geht.

Anne Steinwart

- Was hat Toni getan um sein Buch wiederzubekommen?
- Ihr könnt die Geschichte auch spielen.
  Vielleicht findet ihr einen anderen Schluss.

Eine Bildergeschichte

- Erzähle zu den Bildern eine Geschichte.
- Wie könnte die Überschrift heißen?
- Du kannst die Geschichte auch aufschreiben.
  Diese Wörter können dir helfen: Bett – lesen – Geist – Buch – fallen.

Lilli, Flosse und der Seeteufel

Martin ist acht Jahre alt und er liest nicht gern.
Dann bekommt er zum Geburtstag auch noch drei Bücher.

Heute ist Sonntag und ihm ist total langweilig.

Martin schaut in sein Regal.
Er liest: „Lilli, Flosse und der Seeteufel“.

Er nimmt das Buch und liest auf der Rückseite den Text.
Dieser Rückseitentext verrät ihm schon etwas über den Inhalt.

Die Nixlinge Lilli und Flosse sind ganz schön mutig.
Zweibeiner? Riesenkraken? Alles nur
Angstmachgeschichten der Erwachsenen – glauben sie.
Doch dann begegnet ihnen das U-Boot SEETEUFEL.
Und in dem sitzen die Schnorchels, die unbedingt einen
Nixling für ihr Aquarium fangen wollen!
Ein spannendes Unterwasserabenteuer beginnt ...

„Oh“, denkt Martin, „was werden Lilli und Flosse alles erleben?“

Er beginnt ganz aufgeregt zu lesen
und da wird es auch schon spannend:

An einem wunderschönen Morgen, ich glaube, es war der 1. Juli, klingelte es an der Tür der Schnorchel-Villa. Und wenig später führte das Dienstmädchen einen großen, dünnen Mann ins Esszimmer.
Herr und Frau Schnorchel waren nämlich gerade beim Frühstück.
„Herr Ignaz Lauschohr“, verkündete das Dienstmädchen.
„Der berühmteste Unterwasser-Detektiv der Welt!“, fügte Herr Lauschohr hinzu und verbeugte sich.
Herr Schnorchel verbrühte sich mit seinem Kaffee und Frau Schnorchel ließ ihr Messer in die Marmelade fallen.
„Oh, Sie haben doch nicht etwa – ?“, rief sie.
„Doch, das habe ich, in der Tat“, antwortete Herr Lauschohr triumphierend. „Ich habe Nixen gefunden.“
„Wo?“, riefen die Schnorchels wie aus einem Munde …

„M-a-r-t-i-n“, ruft Mama aus dem Flur,
„Tom ist am Telefon. Willst du dich mit ihm treffen?“
Martin überlegt kurz. Eigentlich will er wissen,
wie die Geschichte weitergeht.

- Wie wird Martin sich entscheiden?

Das Buch „Lilli, Flosse und der Seeteufel“ schrieb Cornelia Funke.
Sie ist die Autorin.

Cornelia Funke wurde 1958 geboren. Sie lebt mit ihrem Mann und ihren beiden Kindern in Hamburg. Schon früh hatte sie Spaß am Zeichnen. Von Beruf ist sie Erzieherin. Zunächst arbeitete sie auf einem Bauspielplatz in Hamburg. Gleichzeitig studierte sie Buchillustration.
Ihre meisten Geschichten entstehen aus Erinnerungen. Daraus entwickeln sich dann schnell erste Ideen.
Die Figuren aus ihren Büchern sind zwar erfunden, Cornelia Funke mag sie jedoch alle.

Cornelia Funke hat bereits über 50 Bücher geschrieben.
Einige sind auch als Hörspiel erschienen.

Dein Lesetipp

- Gefällt dir ein Buch aus eurer Klassenbücherei besonders gut? Stelle es deiner Klasse vor.
- Schreibe dazu einen Lesetipp. Drei Sätze genügen. Martin macht es so:

Lesetipp von: Martin

Titel des Buches: Lilli, Flosse und der Seeteufel

Autor/in: Cornelia Funke

Das passiert in meinem Buch:
Lilli und Flosse sind Freunde. Sie leben als Nixlinge unter Wasser und sollen gefangen werden.

Es gefällt mir, weil Lilli ihrem Freund Flosse hilft.

- Ordnet die Lesetipps in die Lesekartei eurer Klassenbücherei ein.
- Klebt die Lesetipps auf die Rückseite der entsprechenden Lesekarte.

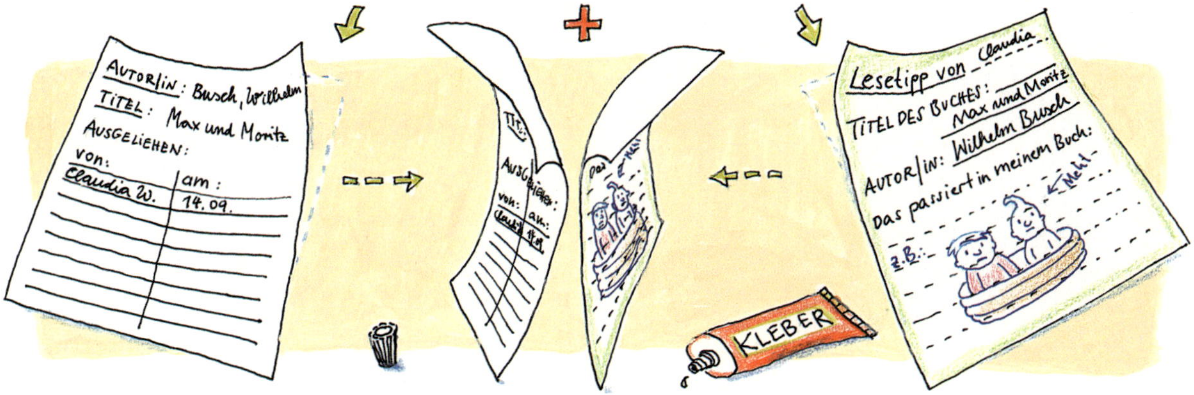

- Ihr könnt mit den Lesetipps auch ein Klassenplakat gestalten.

Rund um die Bibliothek

Eine Bibliothek ist ein Ort, an dem Bücher gesammelt und ausgestellt werden. Dort kannst du Bücher lesen und ausleihen. Außerdem findest du hier auch Comics, Zeitschriften, Musik- und Hörspiel-CDs.

- Wo ist in deiner Nähe eine Bibliothek?

Wenn du etwas aus der Bücherei mit nach Hause nehmen willst, brauchst du einen Leseausweis. So weiß man, welche Bücher du ausgeliehen hast und wann du sie zurückgeben musst. Früher wurde das alles mit der Hand eingetragen. Heute erfasst das der Computer.

- Plant den Besuch einer Bibliothek.
- Überlegt euch Fragen, die ihr der Bibliothekarin stellen könnt. Sammelt sie.
- Welche Bücher oder CDs würdest du dir gerne ausleihen?

Jedes Buch, das neu ankommt, erhält eine Nummer und wird in eine Kartei eingetragen. Danach ordnet die Bibliothekarin das Buch in das richtige Regal. Sie hilft dir, wenn du ein Buch suchst. Für Schulklassen bereitet sie Führungen vor.

Die Leser kommen jeden Tag mit vielen Fragen und Wünschen zur Bibliothekarin:
Sie suchen ein bestimmtes Buch, sie wollen die ausgeliehenen Sachen noch länger behalten ...
Aber auch die Bibliothekarin hätte gern einige Wünsche an die Nutzer.

- Welche Wünsche könnten das sein?

Vokale und Umlaute

Der Wand weht. Die Kander wollen ihre Drichen steigen lassen.
Auf einmal ist der Hammel ganz schworz.
Dunner grollen und Blatze zucken. Schode!

1. Lies den Text.
2. Lies den Text mit den richtigen Vokalen.
3. Schreibe den Text richtig auf.

B • ll	H • nd	G • ld	B • ld	M • nt • g	T • sch	D • ch	St • rn

4. Schreibe die Nomen mit den Vokalen auf.

M • tt • r k • cht • pf • lk • mp • tt. D • r Dr • ch • n fliegt h • ch.

5. Setze die fehlenden Vokale ein. Schreibe die Sätze richtig auf.

Vogel	Apfel	Topf	Nacht	Rad	Kopf
Räder	Nächte	Äpfel	Töpfe	Köpfe	Vögel

6. Welche Nomen gehören zusammen?
   Schreibe so: *der Apfel – die Äpfel, ...*

7. Unterstreiche die Veränderungen.

M • dchen	K • fer	L • ffel	Sch • fer	W • rfel

8. Welche Umlaute fehlen?
9. Schreibe die Nomen mit Artikel untereinander auf.
10. Bilde die Mehrzahl und schreibe sie neben die Einzahl.
    Was fällt dir auf?

ÜBUNGEN

Einzahl und Mehrzahl

Hexe Trixi sitzt auf einer  .

Sie hat einen gelben  und einen grünen  an.

Ihr Haus ist alt und das 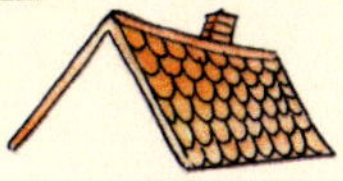 ist schief.

Trixis Lieblingstier ist ein  .

Er steht am Bach und hat einen  im 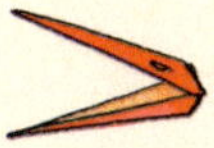 .

1. Lies die Geschichte und setze für die Bilder Nomen ein.
2. Schlage die Nomen in der Wörterliste nach.
3. Schreibe die Nomen mit Artikel in der Einzahl und der Mehrzahl auf.
4. Unterstreiche die Veränderungen.
5. Schreibe den Text mit den Nomen ab.

Schwein	Pferd	Spinne	Affe	Vogel	Katze	
Hund	Ziege	Gans	Schaf	Lamm	Huhn	Kuh

6. Schreibe die Tiere mit Artikel in der Einzahl und Mehrzahl auf.
7. Unterstreiche die Veränderungen.
8. Welche Tiere leben im Zoo? Schreibe sie in der Einzahl und der Mehrzahl auf.

Wörter nach dem Abc ordnen und nachschlagen

Musik	Oma	Schwester	Geburtstag	Blume	Lied	Wiesel

1. Ordne die Nomen nach den Anfangsbuchstaben.
2. Vergleiche mit der Wörterliste.
3. Schreibe die Nomen mit Artikel auf.

Fahrrad	Frau	Fuß	Finger	Freund	Ferien	Fluss	Februar

4. Schreibe die Nomen mit Artikel nach dem Abc geordnet auf.
5. Vergleiche mit der Wörterliste.

Wörter zusammensetzen und trennen

Com-	-men-	Re-	-buch	Klas-	Ge-	-pu-	Ta-	
-stift	-topf	Blei-	Blu-	-dicht	-fel	-ter	-sen-	-gal

6. Setze die Silben zu sieben Nomen zusammen.
   Schreibe so: *der Computer, ...*

Pausenbrotdose
Schulfüllerpatrone
Lesebuchumschlag
Schulklingelknopfanlage

7. Schreibe die Nomen mit Trennungsstrichen auf:
   der Le-se-buch-um-schlag, ...

ÜBUNGEN

Xaveria Rotpelz S. 40

Xaveria liegt im Garten in der Hängematte und liest. K
Xaveria liegt auf dem Dachboden in der Hängematte und liest. L

Dort ist es ganz still. E
Dort ist es ganz laut. P

Die Leser träumen fantastische Träume. A
Die Leser sind auf fantastischer Reise. S

Sie erleben schöne Abenteuer aller Art. I
Sie erleben gefährliche Abenteuer aller Art. E

Bücher lesen ist echte Zauberei. N
Bücher lesen ist echte Quälerei. M

1. Welche Sätze sind richtig? Schreibe die dazugehörigen Buchstaben auf. Sie ergeben ein Lösungswort.

Ein Tiger will lesen S. 42

Toni ist ein *Löwe/Tiger*.

Niklas sitzt *im Sessel/auf dem Sofa*
und liest *ein Buch/einen Comic*.

Er ist Tonis *kleiner/großer* Bruder.

Toni *wetzt/schleckt* sich die Krallen.

Dann *reißt/nimmt* er Niklas
das Buch/den Comic aus der Hand.

Niklas sagt verdattert:
„Giftzwerg/Giftschlange“, und geht.

2. Schreibe den Text mit den zutreffenden Wörtern ab.

Ich träume davon, dass ich Frisörin bin, weil es zu mir passt, und dass ich Patris heirate. Lisa
Mein Traum ist es Tierärztin zu werden, weil man dann den Tieren helfen kann. Wiebke
Mein Traum ist es eine Schwester zu bekommen, weil ich dann nicht mehr alleine bin. Angelika
Ich träume davon, Profifußballer zu werden. Wenn ich Tore schieße, verdiene ich viel Geld. Davon versorge ich meine Familie. Ferhat
Ich träume davon, in einem goldenen Schloss zu wohnen. Marcel
Jch träume davon, Polizistin zu sein. Elisabeth
Jch möchte einmal ein eigenes Geschäft haben. Jana
Ich wünsche mir, dass ich später viele Freunde habe. Anja
Mein Traum ist es zu fliegen, dann kann ich das Universum sehen und durch den Himmel fliegen. Dilara
Ich träume davon, dass ich Sängerin werde, weil ich für andere singen möchte. Narmatha

Wünsche und Träume

Traumzauberbaum

Das sind einige Blätter des Traumzauberbaums der Klasse 2c.
Dilara, Ferhat und Jannik haben vorher über ihre Wünsche und Träume gesprochen.

1. Welchen Traum hast du?
2. Schreibe deinen Traum auf.
3. Ihr könnt auch einen Traumzauberbaum anfertigen.

Melanie hat ihren Traum mit dem Computer aufgeschrieben.
Leider hat sie die Leertaste nicht gedrückt.

IchträumedavonWissenschaftlerinzusein.

IchmöchteDinosaurierknochenausgraben.

DasistmeingrößterWunsch.

Melanie

4 Schreibe Melanies Text richtig auf.
Die schwierigen Wörter heißen:

Wissenschaftlerin	ausgraben	Dinosaurierknochen

Ich träume davon, Popstar
zu werden das wäre toll man
ist im Fernsehen ich
verdiene dann viel Geld
Martin

5 Was hat Martin beim Schreiben nicht beachtet?
Schreibe den Text richtig auf.

Ich möchte ärztin werden, weil ich
dann menschen helfen kann.

Kübra

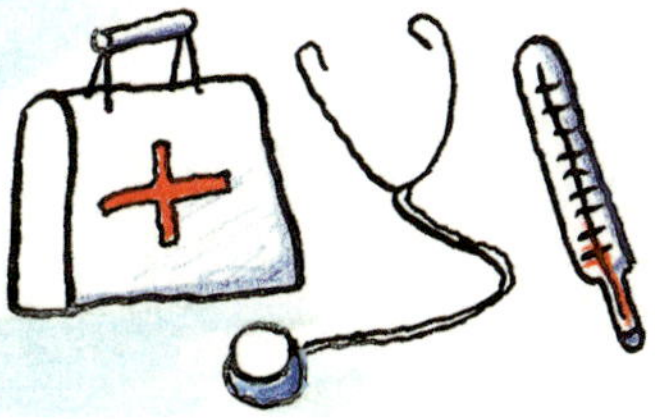

6 Auch Kübra hat ihren Text am Computer geschrieben.
Warum sind zwei Wörter rot markiert?
Schreibe den Text richtig auf.

Tagträume

Anja schlägt die Augen auf.
Sie liegt in einem Himmelbett.
Ein Diener bringt das Frühstück.
Da dringt von fern eine Stimme zu ihr:
„Anja, bist du schon wach?
Du musst aufstehen!"
Anja krabbelt aus ihrem warmen Bett.
Später sitzt sie still am Frühstückstisch.
„Wovon träumst du schon wieder?", fragt Mama.
„Kannst du dich nicht ein bisschen beeilen?
Du kommst noch zu spät zur Schule.
Hast du deine Tasche gepackt?"
Aber Anja ist weit weg.

1 Woran denkt Anja?

Ihre Mutter stellt viele Fragen.

> Wenn man etwas wissen will, stellt man Fragen.
> Am Ende eines Fragesatzes steht immer ein Fragezeichen.

2 Schreibe die Fragesätze ab.
Zeichne die Satzanfänge und Fragezeichen farbig nach.

3 Du kannst aufschreiben, was man dich morgens fragt.

In der Schule will die Zeit nicht vergehen
Die Lehrerin redet und redet und redet
Wann klingelt es endlich zur Pause
Anja schaut aus dem Fenster

Da sagt plötzlich die Lehrerin:
„Anja, träumst du
Was habe ich eben gesagt “

Anja zuckt zusammen
Die Lehrerin muss lachen:
„Erzählst du uns deinen Traum “

4 Lest den Text betont vor.

5 Schreibe den Text ab.
Setze die richtigen Satzschlusszeichen.

6 Wovon könnte Anja träumen?
Du kannst Anjas oder deinen Schultraum aufschreiben.

Lehrerin Zeit träumen lachen erzählen

Nachtträume

Es ist Nacht.
Alles ist still.
Holger schläft/träumt.

Im Traum wird sein Teddy lebendig.
Er klettert/springt aus dem Bett.

Er tastet sich/hüpft zu den anderen Stofftieren.

Zusammen schleichen/rennen sie aus dem Zimmer.

1. Welche Wörter passen besser zu den Bildern?
2. Entscheide dich immer für ein Wort.
   Schreibe dann den Text ab.
3. Erzähle die Geschichte zu Ende.
   Du kannst sie auch aufschreiben oder malen.

Im Text „Schlumischubu" wird über Lenas Ängste in der Nacht erzählt. S. 70

Hausspruch

In meinem Haus,
da wohne ich,
da schlafe ich,
da esse ich.
Und wenn du willst,
dann öffne ich
die Tür
und lass dich ein.

In meinem Haus,
da lache ich,
da weine ich,
da träume ich.
Und wenn ich will,
dann schließe ich
die Tür
und bin allein.

Gina Ruck-Pauquèt

1. Vergleiche beide Strophen.
   Was will die Autorin sagen?
2. Schreibe das Gedicht ab.
3. Was tut die Autorin alles in ihrem Haus? Unterstreiche es.

Verben (Tunwörter, Tuwörter) sagen uns,
was Menschen, Tiere, Pflanzen und Dinge tun.
Verben werden kleingeschrieben.

4. Schreibe die unterstrichenen Verben so auf:
   ich wohne – wohnen
   ich schlafe – …

wohnen schlafen essen weinen schließen

Kinderwünsche

Diese Wünsche hat Tim:

Meine Eltern ______ jeden Tag mit mir.

Meine Kuscheltiere ______ mit mir.

Die Vögel ______ jeden Morgen

und die Blumen ______ auch im Winter.

spielen	reden	blühen	singen

1. Welche Verben gehören in die Lücken? Schreibe den Text mit den passenden Verben ab.

2. Unterstreiche die Verben.

Das sind Katrins Wünsche:

Ich ______ vom Dreimeterbrett.

Mein Bruder ______ nie mit mir.

Meine Mutter ______ uns jeden Tag Nudeln.

Meine Lehrerin ______ nur ganz leise.

streiten	kochen	springen	schimpfen

3. Schreibe den Text mit den passenden Verben ab. Du kannst auch andere Verben einsetzen.

4. Welche Wünsche hast du? Schreibe sie auf.

freuen reden singen springen streiten

In der Schule

Alle warten auf die Lehrerin.
Nur Tim nicht, er träumt.
„Wovon träumst du?“, fragt Andi.
„Ich träume davon, dass das Diktat ausfällt“, antwortet Tim.
„Davon träumen wir wohl alle“, lacht Andi.

1. Schau dir das Verb „träumen“ im Text an. Fällt dir etwas auf?

2. Schreibe so: *ich träume*
   du träumst
   er träumt
   wir träumen

3. Unterstreiche, was bei den Verben gleich bleibt.

Verben können sich verändern.
Was gleich bleibt, nennt man Wortstamm.
Was sich verändert, nennt man Endung.
Die Endung richtet sich danach, wer etwas tut.

4. Zeichne eine Tabelle. Ergänze die Verben.

ich	*du*	*er/sie/es*	*wir*
ich sage *ich spiele* *ich singe* *ich rede*	*du …*	*er …*	*wir …*

5. Zeichne die Endungen farbig nach.

Der Elefant im Apfelbaum

Der Elefant hat einen **Traum**: Er sitzt auf einem Apfelbaum. Da bricht ganz plötzlich dieser **Ast** und fällt zu Boden von der Last. Der Elefant erwacht im **Sand**, reibt sich den Po und geht zum Strand.

1. Suche die Reimwörter zu den dick gedruckten Wörtern.
2. Schreibe das Gedicht ab.
   Beginne nach jedem Reimwort eine neue Zeile.

Traum	Ast	Hand	Gast	Raum
Sand	Mast	Wand	Schaum	

3. Jeweils drei Wörter reimen sich.
   Schreibe sie untereinander auf.
4. Unterstreiche alle Buchstaben,
   die bei den Reimwörtern gleich sind.

Wovon Tiere noch träumen, erfährst du im Leseteil. S. 68

Das wäre schön

Was kleine Kinder träumen,
hängt leider nicht an ___ .

Sie träumen in der dunklen Nacht,
dass Papa sie ganz doll ___ .

Sie möchten gerne fliegen,
und niemals Ärger ___ .

Sie träumen vom Erwachsensein.
Alles zu dürfen wäre ___ .

fein	kriegen
Bäumen	bewacht

❶ Schreibe das Gedicht mit den richtigen Reimwörtern ab.

Au/au wird **Zwie**laut genannt, weil er aus **zwei** Vokalen besteht.

der Traum – *die Träume*
der Raum – *die …*
das Haus – …
die Maus – …
der Baum – …
der Strauch – …

❷ Bilde die Mehrzahl der Nomen.

❸ Zeichne farbig nach, was gleich bleibt.

Kind Nacht Traum Maus Raum

Das freche Wiesel

Timo liegt im Bett.

Das L landet auf Timos Po.

Mit seinem Wiesel im Arm schläft Timo ein.

Timo fällt aus dem Bett,
weil er keinen Platz mehr hat.

Es bewirft Timo mit Buchstaben.
W – I – E – S – E – L.

Plötzlich wird das Wiesel immer größer.

1. Welche Sätze passen zu den Bildern?
Schreibe die Sätze geordnet auf.

2. Denke dir einen Schluss aus.

3. Du kannst auch eine eigene Wiesel-Geschichte schreiben.

Fragen in der Nacht

Es ist mitten in der Nacht.
Mutti kommt ins Zimmer.
Timo sitzt auf seinem Bett.
„Was ist denn los?
Warum bist du aufgewacht?
Wer hat dir etwas getan?
Wo liegt denn dein Wiesel?"
So viele Fragen kann Timo
gar nicht auf einmal
beantworten.

Viele Fragesätze beginnen mit Fragewörtern:
was **wer** **warum** **wie** **wo**.

1. Schreibe ab, was Timos Mutti fragt.
2. Unterstreiche die Fragewörter.

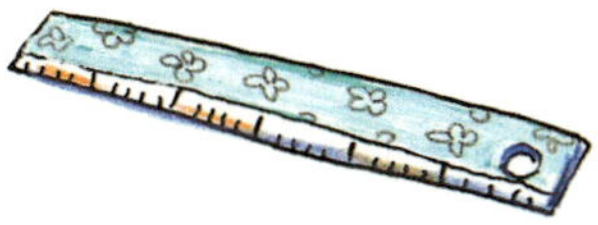

Timo will seinen Traum erzählen,
aber er kann sich nicht mehr genau erinnern.
Darum fragt seine Mutter weiter.

___ bist du aus dem Bett gefallen?
___ hat die Buchstaben geworfen?
___ geht es dir jetzt?
___ tut dir weh?

Wer?	Wie?
Was?	Warum?

3. Schreibe die Fragen mit den passenden Fragewörtern ab.
4. Du kannst die Fragen auch beantworten.

was wer warum wie wo

Wovon träumt der Igel

Wovon träumt der Igel mit Geschnauf?
Von einem Streifen Schweinespeck.
Wovon träumt der Rabe bei Eis und Schnee?
Dass er den Hund mal beißen kann.
Wovon träumt das Huhn bei Wind und Sturm?
Von einem Hundertmeterlauf.
Wovon träumt der Fuchs mit arger List?
Von einem fetten Regenwurm.
Wovon träumt die Maus in ihrem Versteck?
Von warmen Pantoffeln an jedem Zeh.
Wovon träumt der Has' im dicken Tann?
Dass jeder Zaun voll Löcher ist.

Mein liebes Kind, nun träum auch du,
mach deine müden Augen zu!

Alfred Könner

- Wisst ihr, was die Tiere träumen?
- Schreibt die Sätze auf Papierstreifen.
  Ordnet jeder Frage die richtige Antwort zu. Arbeitet zu zweit.

Wenn die Tiere träumen

Die Katze läuft weg von den Mäusen,
das Äffchen hat Angst vor den Läusen.
Der Wolf, er rennt weg vor dem Schaf.
Warum denn? Ja, wann denn?

Im Schlaf.
Aha!
Ei darum! Ei deshalb!
Im Schlaf.

Die Bäume verprügeln die Winde.
Der Lehrer verbeugt sich vor dem Kinde.
Vorm Huhn nimmt der Fuchs sich in Acht.
Warum denn? Ja, wann denn?

Bei Nacht.
Aha!
Ei darum! Ei deshalb!
Bei Nacht.

Der Wachtmeister flieht vor dem Diebe.
Den Hasen verfolgt eine Rübe.
Ein Pferd schlägt den Knecht mit dem Zaum.
Warum denn? Ja, wann denn?

Im Traum.
Aha!
Ei darum! Ei deshalb!
Im Traum.

James Krüss

- Immer ein Kind liest eine Strophe.
  Den Schluss jeder Strophe lesen alle im Chor.

Der Schlumischubu

Gestern hatte Lena einen schlimmen Traum
und traut sich deswegen heute nicht ins Bett.
Sie hat Angst,
der schlimme Traum könnte wiederkommen.
Papa setzt sich zu Lena ans Bett und versucht
ihr die Angst auszureden.
Doch als er aus dem Zimmer geht,
ist die Angst immer noch da.

Lena starrt an die Decke.
Sie öffnet die Augen extra weit
um ja nicht einzuschlafen.
Aber das ist ziemlich anstrengend.
Und es dauert nicht lange,
da kommt auch schon Schlumischubu an Lenas Bett.
Er hebt sie hoch und flüstert ihr ins Ohr:
„Hab keine Angst, kleine Lena.
Ich bringe dich jetzt ins Land der Träume.“

Der Schlumischubu ist ein unsichtbarer Riese. Er trägt alle Kinder, die Angst vor schlimmen Träumen haben, ins Land der Träume. Dort beschützt er diese Kinder und passt auf, dass der schlimme Traum nicht wieder zu ihnen kommt.

Der Schlumischubu ist so riesig, dass sich nicht einmal die allerschlimmsten Träume in seine Nähe trauen. Deswegen haben die Kinder nur schöne Träume, bis der Schlumischubu sie am Morgen wieder in ihr Bett legt.

„Ich wünsche dir einen schönen Tag“, flüstert er Lena ins Ohr. „Und wenn du mich brauchst, komme ich heute Abend wieder.“

Manfred Mai

- Hattest du auch schon schlimme Träume? Erzähle, wer dir geholfen hat.

Zum Einschlafen zu murmeln

Nirgends ist es wie im Bett
so gemütlich und so nett.
Was wohl morgen werden mag?
Morgen wird ein schöner Tag.

Dusel dusel schummerlich
sachte Welle schaukelt mich.
Wie auf einem Schiffchen leise
geh ich auf die Traumesreise.

Michael Ende

Winterschlaf

Eigentlich hatten Tina und Tom gehofft, dass es endlich schneien würde. Aber leider war es nur bitterkalt. Dennoch schien die Sonne. Dick angezogen spielten die Kinder im Garten. Tom versteckte sich, Tina musste suchen. Sie schaute hinter die Hecke. Das Laub raschelte unter ihren Füßen. Ob Tom hinter dem großen Laubhaufen hockte? Tina fegte die trockenen Blätter zur Seite. Plötzlich stutzte sie. Was war denn das? Unter den gelben und braunen Blättern lag eine stachlige Kugel: ein Igel. Tina wollte den Igel gerade anstupsen, da hörte sie ein leises „Nein“ hinter sich. Tom legte den Finger an seine Lippen, warf das Laub wieder über die Kugel und zog Tina weg. „Was hast du denn?“, maulte Tina. „Warum soll ich mir den Igel denn nicht genau ansehen?“ „Igel brauchen den Winterschlaf“, erklärte Tom. „Wenn sie zwischendurch immer wieder geweckt werden, schaffen sie es vielleicht nicht bis zum April. Erst dann finden sie wieder genug zu fressen.“

Sabine Trautmann

- Warum soll Tina den Igel nicht wecken?

Wenn ihr wollt, dass Igel in euren Gärten überwintern, müsst ihr einiges beachten.

Im Herbst fressen Igel sich eine dicke Fettschicht an. Sie mögen vor allem Schnecken und Würmer. Darum kommen Igel gerne in Gärten, in denen es Komposthaufen gibt. Obst fressen Igel aber auch.

Für den Winterschlaf sucht sich jeder Igel einen trockenen Platz unter Laub oder Reisig. Deshalb sollte man Laub- und Reisighaufen bis Ende April im Garten liegen lassen. Igel polstern sich ihre Winterschlafplätze mit Gras und Moos aus.

Als Stachelkugel zusammengerollt verschlafen die Igel die kalte Jahreszeit. Sie sollten nie gestört werden.

Wenn jemand einen Igel in der Wohnung überwintern lässt, handelt er aus falsch verstandener Tierliebe. Igel sind oft von Würmern und Milben befallen. Diese vermehren sich in der Wärme des Hauses schnell und können den Körper des Igels von innen zerstören.

- Was braucht der Igel für den Winterschlaf?
- Bis wann sollte man Laub und Reisig im Garten liegen lassen?
- Kennst du weitere Tiere, die Winterschlaf halten?

Der flüsternde Tiger

Elfmeter! In der letzten Spielminute!
Erkan, der Torwart, ist verzweifelt.
Seine Mannschaft führt mit 2:1.
Wenn sie das Spiel nicht gewinnen,
werden sie nicht Meister.
Also muss Erkan den Ball
unbedingt halten.
Er nimmt seinen Plüschtiger,
der neben dem Pfosten liegt,
und drückt ihn fest an sich.

Der gegnerische Stürmer lacht.
„He, du kuschelst wohl noch
mit deinem Schmusetiger, du Baby?!“

Erkan sieht ihn cool an.
„Ich habe nicht gekuschelt“,
erklärt er ruhig.
„Er hat mir etwas geflüstert.“
„So’n Quatsch,
Tiger können nicht reden“,
meint der Stürmer.

„Meiner schon.“
„Ach ja? Und was hat er gesagt?“,
fragt der Stürmer grinsend,
während er sich den Ball zurechtlegt.
„Er hat mir verraten,
in welche Ecke du schießt“, sagt Erkan.

„Echt?!“
Der Stürmer ist verunsichert.
Er will noch etwas fragen,
doch in diesem Moment
pfeift der Schiedsrichter.
Der Stürmer zögert
und sieht sich ratlos um.
Wohin soll er schießen?
In die linke Ecke?
Oder in die rechte?
Flach oder hoch?

Endlich läuft er an,
er schießt –
doch der Ball segelt weit
am Tor vorbei.
Der Schiedsrichter pfeift ab.
Das Spiel ist aus.
Erkan reißt die Arme hoch.
Gewonnen!
Der Stürmer läuft zu ihm hin.
„Kann dein Tiger echt sprechen?“,
fragt er neugierig.
Aber dieses Geheimnis
behält Erkan lieber für sich.

Ulli Schubert

- Lest den Text in verteilten Rollen.
- Warum spricht der Stürmer Erkan überhaupt an?
- Wieso schießt der Stürmer den Ball am Tor vorbei?

ÜBUNGEN

Wörter und Sätze

DerkleineHamsterliegtinseinemKäfigundträumt.
ImTraumträgtereinengroßenSackmitKörnerninseinenKäfig.
SicheristerderstärksteHamsterderWelt.

1. Schreibe den Text richtig auf.
2. Unterstreiche alle Nomen.

der kleine Hamster wacht auf er fühlt sich sehr stark ob er wohl die Gitterstäbe seines Käfigs auseinander biegen kann er versucht es doch es klappt leider nicht

3. Schreibe den Text richtig auf.
4. Zeichne alle Satzanfänge und Satzschlusszeichen farbig nach.

traurig	der kleine Hamster	in sein Laufrad	klettert
rennt	ein paar Runden	er
sich	bald	besser	fühlt	er

5. Bilde mit den Wortkarten drei Aussagesätze.

Fragesätze

| wer | wo | was | wie | wann | warum |

___ schläft der Hamster?
___ werden Hamster wach?
___ heißt dein Lieblingstier?
___ ist der Hamster traurig?
___ frisst ein Hamster?
___ versorgt dein Haustier?

6. Schreibe die Fragen mit passenden Fragewörtern auf.

Verben

Katrin und Martin stehen in der Küche. Sie backen Kuchen. Sie mischen Zucker, Butter, Eier, Mehl und Backpulver. Sie rühren den Teig lange. Dann füllen sie ihn in eine Form. Zuletzt schieben sie den Kuchen in den Ofen.

1. Schreibe den Text ab.
2. Unterstreiche die Verben.
3. Übe den Text als Diktat.
4. Wie lautet der Text, wenn Martin den Kuchen allein backt? Schreibe den Text neu: *Martin steht in …*
5. Lege eine Tabelle an und trage die Verben aus dem Text ein.

ich	*du*	*er / sie / es*	*wir*
ich stehe *ich backe*	*du stehst* *du*	*er …* *er*	*wir …* *wir*

Reimwörter

Jeweils zwei Verben reimen sich:

schreiben	sagen	stehen	liegen	hören
kriegen	gehen	bleiben	stören	fragen

6. Schreibe die Reimpaare untereinander. Zeichne die gleichen Buchstaben farbig nach.
7. Bilde die Reimpaare auch in der „ich-Form“:
*ich s**age***
*ich fr**age***

Die Zwielaute au und äu

Laus	Braut	Haus	Maus	Strauch	Bauch	Faust

❶ Bilde die Mehrzahl dieser Nomen.
Schreibe so: *ein Strauch – viele Sträucher, …*

Auto	Auge	Taube	Raupe	Pause	Frau

❷ Bilde die Mehrzahl. Schreibe wie in der 1. Aufgabe.
Was fällt dir auf?

bauen	kaufen	brauchen	staunen	glauben	laufen	schauen

❸ Bilde die „er-Form" der Verben.
Schreibe so: *bauen – er baut, …*

❹ Unterstreiche den Wortstamm.
Bei welchem Verb wird au zu äu?

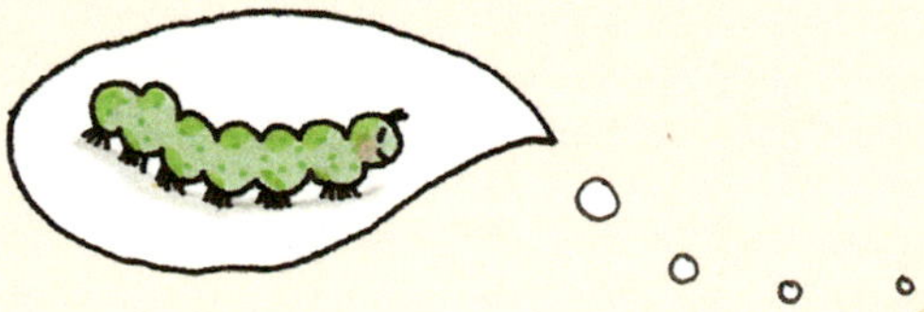

Igel br   chen für den Winterschlaf
oft L   bh   fen unter Str   chern.
Dort tr   men sie von fetten R   pen.
Während des Winters sind ihre B   che so dick,
dass sie die lange Fressp   se gut   shalten.
Erst im Frühling sch   en sich die Igel
wieder nach Nahrung um.

❺ Schreibe den Text auf. Setze die fehlenden Zwielaute ein.

ÜBUNGEN

Der Schlumischubu S. 70

Lena hatte einen *schönen/schlimmen* Traum.

Papa/Mama will Lena helfen.

Als Lena allein ist, hat sie *keine/noch immer* Angst.

Lena *öffnet/schließt* ihre Augen.

Plötzlich kommt *Opa/Schlumischubu.*

Der Schlumischubu ist ein unsichtbarer *Zwerg/Riese.*

Er beschützt die Kinder vor *schlimmen/schönen* Träumen.

1 Schreibe den Text mit den zutreffenden Wörtern ab.

Der flüsternde Tiger S. 74

Erkans Mannschaft liegt 2:1 zurück. L
Erkans Mannschaft führt 2:1. T

Erkan spricht den Stürmer an. O
Der Stürmer spricht Erkan an. I

Der gegnerische Stürmer wird unsicher. G
Der gegnerische Stürmer bleibt ganz ruhig. R

Er schießt direkt ins Tor. U
Er schießt am Tor vorbei. E

Erkans Mannschaft gewinnt. R
Erkans Mannschaft verliert. S

2 Welche Sätze sind richtig?
Schreibe die dazugehörigen Buchstaben auf.
Sie ergeben ein Lösungswort.

KAKAO
Schnittlauch
Futter

Erleben und Beschreiben

Das Eichhörnchen

Es *blinzelt/schaut* aufmerksam umher.

Es *springt/hüpft* auf den Baum.

Es *frisst/knabbert* eine Nuss.

❶ Welche Sätze beschreiben die Bilder am besten?
Schreibe diese Sätze ab.

Zu einem Wortfeld gehören Wörter mit ähnlicher Bedeutung.
Mit ihnen kann man etwas genauer ausdrücken.
Wortfeld „gehen“: laufen, hüpfen, springen, …
Wortfeld „essen“: fressen, knabbern, mampfen, …

es	in der Erde	gräbt	unter einem Strauch
eine Haselnuss	dort	das Eichhörnchen	findet
knackt	das Tier	die harte Schale	mit den Zähnen

❷ Bilde aus den Satzteilen vollständige Sätze.
Achte auf die Satzanfänge und die Satzschlusszeichen.

❸ Lies deinen Text vor.
Habt ihr alle die gleichen Sätze geschrieben?

❹ Du kannst weitere Sätze über Eichhörnchen schreiben.

Katrin *schaut/blinzelt* aus dem Fenster.

Plötzlich *erkennt/entdeckt* sie das Eichhörnchen.

Katrin *besichtigt/beobachtet* das Tier.

Das Eichhörnchen *starrt/sieht* eine Amsel an.

Die Amsel *blickt/guckt* aufgeregt umher und schimpft.

Muss sie Angst um ihre Eier haben?

5 Schreibe den Text mit den jeweils passenden Verben auf. Unterstreiche die eingesetzten Verben.

6 Schreibe die unterstrichenen Verben so auf: *sie schaut – schauen, …*

Plötzlich ___ das Eichhörnchen
in die Hecke. Katrin ___ in den Garten.
Sie ___ zu den Sträuchern
und schaut in das Nest. Noch ist es leer.
Erleichtert ___ Katrin wieder ins Haus.

springt	rennt	läuft	geht

7 Schreibe den Text mit den zutreffenden Verben auf.

8 Schreibe die eingesetzten Verben so auf: *sie läuft – laufen, …*

gehen laufen rennen schauen

Mit den Händen sehen

❶ Welche Spielsachen sind in den Fühlkästen?

Adjektive (Wiewörter) sagen uns, wie Menschen, Tiere, Pflanzen und Dinge sind. Sie werden kleingeschrieben: Der Ball ist **groß**.

Die Kinder der Klasse 2b haben ihre Spielsachen mitgebracht und passende Adjektive für sie gesammelt.

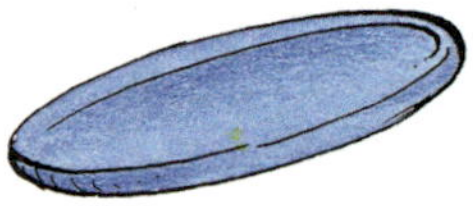

weich	klein	flach	rund	glatt	groß

❷ Beschreibe die Spielsachen.

❸ Schreibe in Sätzen auf, wie die Spielsachen sind.

❹ Welche Adjektive passen zu deinem Spielzeug? Schreibe drei Sätze.

weich rund flach groß glatt

Mit den Augen sehen

Mona und Max wollen Turmball spielen.
Dazu brauchen sie zwei Bälle.
Einer liegt auf einem Turm.
Mit dem anderen Ball
muss man den Turmball treffen.

Mona sucht den Ball für den Turm.
Sie nimmt den ____ Ball.
Sie nimmt den ____, ____ Ball.
Sie nimmt den ____, ____, ____ Ball.

Max sucht den Ball, mit dem sie werfen wollen.
Er nimmt den ____ Ball.
Er nimmt den ____, ____ Ball.
Er nimmt den ____, ____, ____ Ball.

1 Welche Bälle müssen sie nehmen?

groß	klein	blau
gelb	leicht	schwer

2 Schreibe den Text mit den passenden Adjektiven auf.

Adjektive können auch vor einem Nomen stehen.
Dann verändern sie sich: groß – der groß**e** Ball.

3 Beschreibe Dinge aus deinem Klassenzimmer.
Schreibe so: *Ich sehe einen grünen, … Gegenstand.*
Lass deinen Nachbarn raten.

Du kannst auch „Mit den Füßen sehen“. S. 92

Wir beschreiben uns

Du
Ich behaupte,
ohne zu übertreiben –
ich kann dich ungesehen
beschreiben:

Deine Augen sind blau,
schwarz, braun, grün oder grau.
Deine Nase ist lang gezogen,
stumpf, kurz, breit,
stupsig oder abwärts gebogen.
Deine Haare sind dunkel,
rot oder braun, blond aufgehellt,
gekraust, gelockt,
steckengerade oder gewellt,
sind kurz geschoren oder reichen
bis unter die Schultern.

Unzutreffendes streichen.

Hans Manz

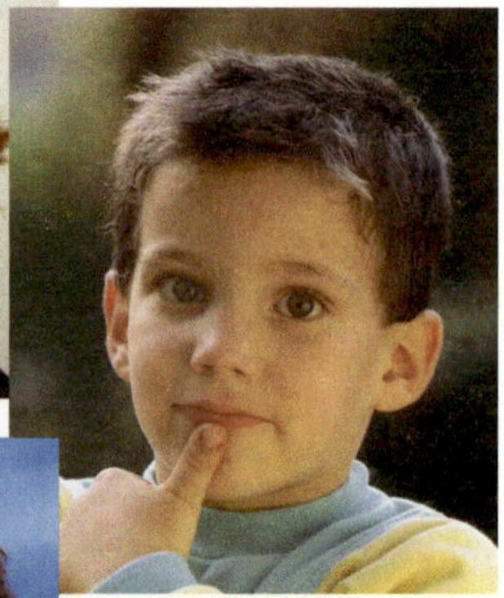
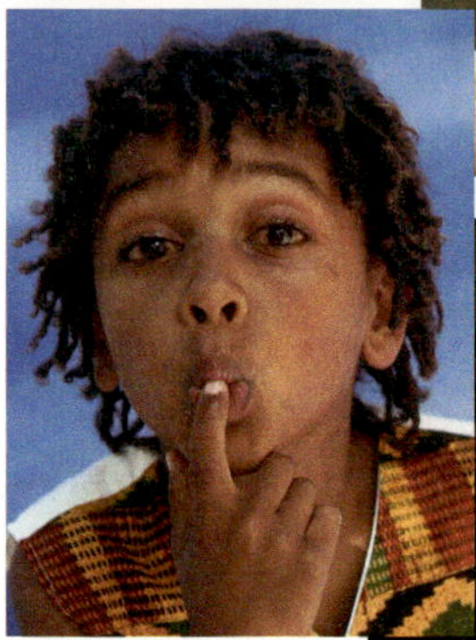

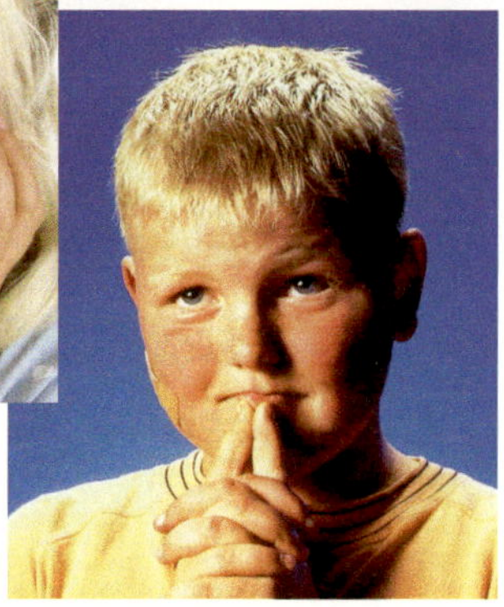

1. Lies den Text. Worin liegt sein Witz?
2. Schreibe den Text ab. Unterstreiche die Adjektive.
3. Was streichst du in dem Gedicht, wenn du deine Freundin oder deinen Freund beschreibst?
4. Beschreibe ein Kind aus deiner Klasse. Die anderen müssen raten.

Dilara und Paul

Ich heiße Dilara.
Ich habe dunkelgrüne Augen.
Meine Stupsnase sieht drollig aus.
Meine schwarzen Haare sind dick und dicht.
Ich bin groß und dünn.

1. Schreibe den Text ab.
2. Unterstreiche alle Adjektive.
3. Schreibe alle Wörter mit D/d am Wortanfang heraus.

Ich heiße Paul.
Ich bin etwas pummelig.
Am liebsten trage ich
meinen roten Pullover.
Dazu passt prima
eine schwarze Hose.
Wenn ich auf meinem
Pony reite, bin ich glücklich.
Beim Reitturnier habe ich
einen Preis gewonnen.

4. Schreibe alle Wörter mit P/p am Wortanfang heraus.
5. Schreibe einen Steckbrief über dich.
   Ihr könnt eine Ausstellung mit euren Steckbriefen machen.

dick dicht dürfen – darf passen Preis

Wie schmeckt das?

Mona bindet Tom die Augen zu.
Danach reibt sie eine Möhre und einen Apfel.
Tom muss sich die Nase zuhalten,
dann füttert sie ihn mit dem Apfel.
Ob er wohl schmeckt, was er im Mund hat?

1. Probiert, ob ihr geriebene Äpfel und Möhren unterscheiden könnt.
2. Übe den Text als Diktat.

Unsere Zunge kann sauer, süß, bitter und salzig unterscheiden:

3. Schlage die Namen für diese Dinge in der Wörterliste nach.
   Schreibe auf, wie sie schmecken: *Die Brezel schmeckt …*

Mona mag Bananen.
Anna liebt Birnen.
Am besten schmecken Tom Äpfel.

rot	fest	gelb	grün
weich	knackig	saftig	

4. Beschreibe die Lebensmittel genauer.
   Schreibe verlängerte Sätze:
   Mona mag weiche, … Bananen.

Im Text „Geschmackssache" erfährst du, warum du Lebensmittel verschieden schmeckst. S. 99

Frischkäsedip für 6 Personen

- Danach hackt man Petersilie und Schnittlauch und reibt das Stück Apfel.
- In einer Schüssel mischt man den Frischkäse mit dem Jogurt.
- Am Ende wird der Dip mit Salz und Pfeffer abgeschmeckt.
- Nun gibt man die gehackten Kräuter und den geriebenen Apfel zum Frischkäse mit Jogurt.
- Zuerst stellt man alles bereit, was man braucht: eine Schüssel, einen Löffel, eine Reibe, 200 Gramm Frischkäse, 100 Gramm Jogurt, gewaschene Kräuter (Petersilie und Schnittlauch), ein Stück Apfel, Pfeffer und Salz.
- Mit Brot kann man den Frischkäse dippen.

1. Lies die Anleitung und vergleiche mit den Bildern.
2. Schreibe das Rezept in der richtigen Reihenfolge auf.

Gefühle sind wie Farben

Patris mag Lisa sehr.
Sie hat ihn angelächelt.
Er sieht alles rosarot.

Tom hat Kim die Stifte weggenommen.
Kim ist rot vor Wut.

❶ Kennst du das auch?
Erkläre die Sätze unter den Bildern.

Manchmal beschreiben Farben Gefühle besonders gut.

Diesmal hat Pit sicher viele Fehler im Diktat.
Er sieht ____ .

Du hast Langeweile und bist allein.
Für dich ist alles ____ .

Tom fühlt sich richtig wohl.
Die Welt ist für ihn ganz ____ .

grau	bunt	schwarz

❷ Welche Farben passen am besten?
Schreibe die Sätze auf.

❸ Wann ist für dich alles grau?

schwarz bunt sehen – sieht allein sein

Elfchen

Diese Elfchen haben Kinder einer 2. Klasse geschrieben.

Elfchen sind kurze Gedichte, die sich nicht reimen.
Sie bestehen aus **elf** Wörtern.
Zeile 1: ein Adjektiv
Zeile 2: ein Nomen mit Artikel, das zu dem Adjektiv passt
Zeile 3: ein Satz aus drei Wörtern, der zu der Sache passt
Zeile 4: ein Satz aus vier Wörtern, der mit „ich" beginnt
Zeile 5: ein Wort als Schluss

Wiesenelfchen

Zeile 1: Welches Adjektiv passt zur Wiese?
Zeile 2: das Nomen mit Artikel
Zeile 3: Wie ist die Wiese?
Zeile 4: Was tust du auf der Wiese?
Zeile 5: Schlusswort

1. Schreibe das Wiesenelfchen. Die Vorgaben helfen dir weiter.
2. Schreibe ein eigenes Elfchen.

Mit den Füßen sehen

Am Montag stellt die Lehrerin Frau Bär Kartons in einer langen Reihe auf den Boden. Da sind geheimnisvolle Dinge drin. „Heute wollen wir mit den Füßen sehen“, sagt sie. „Zieht bitte alle eure Schuhe und Strümpfe aus!“

Ruck, zuck reißen sich Max und Anna die Sandalen von den Füßen. Lara und Marvin murren. Sie haben Doppelknoten in den Schnürsenkeln.

Wer fertig ist, darf schon mal langsam durch die Kartons gehen. „Iih, das pikst ja!“, schreit Anna. „Das hier ist ganz weich!“, ruft Max, „Probier mal.“ Die Kinder quieken und lachen. In jedem Karton ist etwas anderes: Holzstöckchen oder Korken. Schafswolle oder Moos. Tannenzapfen oder Eicheln.

Max macht als Erster die Augen zu. Anna und Salih führen ihn durch die Kartons. Er soll nun mit den Füßen sehen! „Kinderleicht“, sagt Max und tappt vorsichtig los.

Aber dann weiß er nicht:
Piksen die Holzstöckchen
oder die Tannenzapfen?
Ist das Weiche die Schafswolle
oder das Moos?
Tun die Eicheln oder die Korken
unter den Fußsohlen so weh?
Zum Glück kann er es gleich
noch mal probieren.

Hanneliese Schulze

- Warum ist es wohl so schwierig, etwas mit den Füßen zu ertasten? Ihr könnt es selbst ausprobieren.

Was mein Körper alles kann

Ich habe zwei Augen um dich zu sehen.
Ich habe zwei Beine um zu dir zu gehen.

Ich habe zwei Arme, die im Dunkeln dich führen.
Ich habe zwei Hände, die dich gerne berühren.

Ich habe zwei Ohren um dir zuzuhören.
Ich hab' einen Mund, der will dich nicht stören.

Ich hab' eine Nase, die schnuppert im Topf,
und wenn ich denken will, benutz' ich den Kopf.

Sabine Trautmann

Heute geh ich aus dem Haus

Heute geh ich aus dem Haus
in die weite Welt hinaus.

Will mit meinen Augen sehen,
wie der Fuchs den Hasen jagt
und der Biber Bäume nagt.

Will mit meiner Nase riechen,
was so durch die Lüfte fliegt
und in unserem Garten blüht.

Will mit meinen Ohren hören,
was der Wind dem Raben sagt
und der Frosch im Stadtpark quakt.

Will mit meiner Zunge schmecken
Nachbars Äpfel, Birnen, Pflaumen
und den ungewasch'nen Daumen.

Will mit meinen Händen fühlen,
ob der Schmerz im Feuer liegt
und der Igel wirklich piekt.

Müde schleiche ich nach Haus –
doch morgen geh' ich wieder aus!

Helme Heine

Wie Tiere ihre Umwelt wahrnehmen

Der Hund verlässt sich meist auf seinen Geruchssinn. Mit der Schnauze auf dem Boden verfolgt er eine Spur.

Ratten finden sogar in der Dunkelheit ihren Weg. Mit ihren dicken, steifen Tasthaaren ertasten sie jedes Hindernis.

Bienen ertasten mit ihren Fühlern, wie groß die Öffnung des Bienenstocks ist. Außerdem können Bienen mit ihren Fühlern schmecken.

Bevor eine Fliege Nahrung mit ihrem Rüssel aufnimmt, prüft sie mit den Härchen an ihren Beinen, ob ihr das Fressen schmeckt.

- Hast du schon einmal beobachtet, wie eine Fliege ein Stück Käse oder einen Klecks Marmelade mit ihren Beinchen untersucht?
- Vergleicht eure Sinne mit denen der beschriebenen Tiere.

Sascha

Sascha ist fast zehn Jahre alt. Als kleines Kind hat er lange im Krankenhaus gelegen, darum geht er erst in die 2. Klasse. Sascha kann nicht so gut laufen. Er braucht ein großes Gestell als Laufhilfe. Am liebsten krabbelt er auf allen vieren. Manchmal bewegen sich seine Hände und Beine ganz seltsam. Dann kann er gar nichts mit ihnen anfangen. Er spielt mit seinen Freunden gerne „Uno“ oder „Verrücktes Labyrinth“.

Eines Tages bekommt die Klasse 2c eine neue Lehrerin. Die Lehrerin ist nett, aber sie weiß nicht viel über Sascha. Sascha macht Faxen. Alle lachen. Nur die Lehrerin nicht. Sie tut, als ob gar nichts sei.

Sascha sagt: „Ich kann das nicht abschreiben.“ Die Lehrerin gibt ihm dann eine neue Aufgabe.

Sascha sitzt unter dem Tisch. Die Lehrerin läuft zu ihm. „Bist du hingefallen?“, fragt sie besorgt. „Nein“, sagt Sascha. Die Lehrerin schluckt. Sie versucht Sascha unter dem Tisch zu übersehen.

Am nächsten Tag sitzt Sascha wieder unter dem Tisch. „Warum sitzt du eigentlich da unten?", fragt die Lehrerin. „Weil ich möchte, dass du mit mir genauso schimpfst wie mit den anderen."

Sabine Trautmann

- Warum schimpft die Lehrerin nicht mit Sascha?
- Was will Sascha erreichen?

Meins

Augen, Nase, Mund und Ohren,
Finger, um darin zu bohren,
Arme, Hände, Füße, Beine
und des Weiteren noch meine
Brust, der Rücken ebenso
und der Kopf, der Bauch und Po:
All das und noch vieles mehr
gehört zu mir, geb ich nicht her.

Regina Schwarz

- Lerne das Gedicht auswendig.
- Zeige dabei auf das jeweilige Körperteil.

Spuk in der Speisekammer

Larissas Mama hat Schokokekse gebacken. Süß und braun und knusprig. Larissa mag Schokokekse für ihr Leben gern. Leider hat Mama die Schokokekse in einen großen Topf gelegt. Und dieser Topf steht nun in der Speisekammer ganz oben im Regal. Aber Larissa ist schlau. Sie weiß, wo die Leiter steht. Sie weiß, wie man hinaufklettert. Sie weiß, wie man leise, leise den Topf aufmacht und einen Schokokeks herausnimmt. Jeden Tag einen. Kurz vor Papas Geburtstag ist der Topf ratzekahl leer. Mama ist sehr erschrocken. Die Schokokekse waren für Papas Geburtstag.

Wer hat denn bloß die Kekse stibitzt? „Das war ein Gespenst!“, sagt Larissa. „Wahrscheinlich hat es furchtbaren Hunger gehabt.“ „Aha!“, sagt Mama und backt neue Schokokekse.

Abends schleicht Larissa in die Speisekammer. Ganz oben auf dem Regal steht wieder der große Topf. Larissa holt die Leiter und klettert hinauf. Leise, leise macht sie den Topf auf. Doch sie findet nur ein Stück Schwarzbrot. Daneben liegt ein Zettel. Darauf steht:

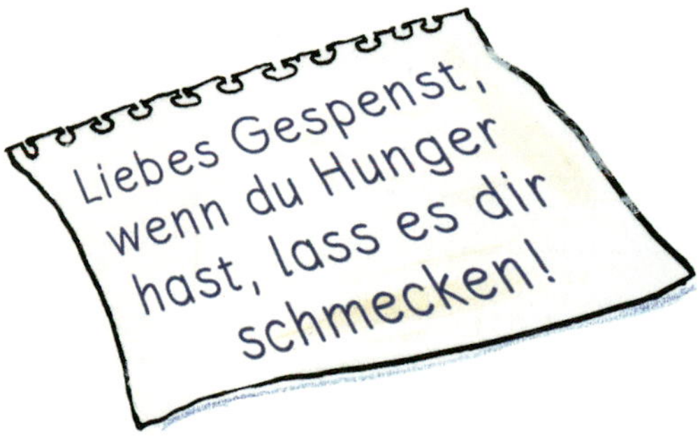

Leise, leise macht Larissa den Topf wieder zu.

Ingrid Uebe

Geschmackssache

Auf deiner Zunge gibt es
Geschmacksknospen.
An der Zungenspitze schmeckst du
vor allem süße Sachen.
Bittere Medizin schmeckst du
auf dem hinteren Teil der Zunge.
Außerdem kannst du
mit der Zunge noch sauer
und salzig unterscheiden.

Ob einem etwas schmeckt,
hängt oft davon ab,
welches Essen man gewohnt ist.

Wie einem etwas schmeckt,
hängt aber auch mit dem Geruch
des Essens zusammen.
Wenn du Schnupfen hast,
schmeckt oft alles gleich.

Aber deine Zunge kann
nicht nur schmecken.
Sie spürt auch,
ob etwas kalt oder heiß,
weich oder fest,
rau oder glatt ist.

- Lege ein Stück Zucker auf verschiedene Teile deiner Zunge. Wo schmeckst du den Zucker am besten?
- Führe den gleichen Versuch mit Salz und Zitronensaft durch.
- Was isst du besonders gern?
- Welche Speisen aus anderen Ländern kennst du? Schreibe auf.

Wortfelder

Entsetzt ___ Lena auf ihr Heft.
Mitten auf der Seite ___ sie ein rotes Herz.
Vorhin hat Uwe sie die ganze Zeit ___ .
Ob er das Herz gemalt hat?
Lena ___ sich im Klassenraum um. Uwe ___ zur Tafel.
Nachher wird Lena mit ihm reden.

schauen	entdecken	gucken	beobachten	starren

1. Schreibe den Text mit den passenden Verben auf.
   Benutze jedes Verb nur einmal.
2. Finde weitere Wörter für das Wortfeld „sehen“.

Lena kommt aus der Schule. Sie ist wütend.
Uwe hat alles abgestritten.
Aber jetzt ___ er hinter ihr her.
Lena ___ am Schulhaus vorbei. An der Ecke schaut sie sich um.
Uwe ___ ganz langsam die Straße entlang. Er lacht sie an.
Soll Lena warten oder nach Hause ___ ?

laufen	schlendern	gehen	schleichen

3. Schreibe den Text mit den passenden Verben auf.
4. Schreibe die Geschichte von Lena und Uwe zu Ende.
5. Finde weitere Wörter für das Wortfeld „gehen“.

sagen	lesen	rufen	reden	schreien	hüpfen

erzählen	flüstern	essen	meinen	spazieren

6. Welche Verben gehören zum Wortfeld „sprechen“? Schreibe sie ab.

Adjektive

Mit deinen fünf Sinnen entdeckst du die Welt. Du kannst sehen, fühlen, hören, schmecken und manchmal riechen, wie etwas ist.

bitter	dick	gelb	glatt	groß	hart
kalt	kurz	lang	laut	leise	salzig
sauer	scharf	süß	warm	weich	weiß

1. Welche Eigenschaften kannst du sehen, welche fühlen, hören oder schmecken? Schreibe auf, welche Adjektive zu welchem Sinn passen.
sehen: dick, glatt, …
fühlen: dick, glatt, …

2. Bilde mit den Adjektiven Sätze: *Der Ball ist groß.*
3. Schreibe nun so: *der große Ball, …*

Tim ist krank

Er hat einen trockenen Hals.
Seine rote Nase läuft.
Mutter kühlt Tims heiße Stirn.
Sie macht ihm kalte Umschläge.
Vater gibt ihm warmen Tee.

4. Schreibe den Text ab.
5. Wie ist Tims Hals, seine Nase, seine Stirn? Wie sind die Umschläge und der Tee? Schreibe so: *Der Hals ist trocken.*
6. Übe den Text als Diktat.

ÜBUNGEN

Wörter mit P/p und D/d

Nach der Pause sollen die Kinder Geräusche erraten.
Die Lehrerin hat ein Paket mit vielen Dingen mitgebracht.
Alle sitzen mit dem Rücken zu ihr.
Zuerst lässt die Lehrerin einen Luftballon platzen. Dann schlägt sie auf eine Pauke. Mit einem dicken Pinsel streicht sie über die Wand.
Plötzlich poltern Holzbausteine zu Boden.
Zum Schluss raschelt die Lehrerin mit Papier und zerreißt Pappe.

1. Schreibe alle Wörter mit P/p am Wortanfang heraus.

2. Schreibe alle Nomen aus dem Text mit Artikel auf.

dünn	dick	dunkel	dreckig	dicht
Buch	Ferkel	Wald	Fell	Zimmer

3. Welches Adjektiv passt zu welchem Nomen?
   Es gibt mehrere Möglichkeiten.
   Schreibe so: *das dicke Ferkel, …*

4. Schreibe nun so: *Das Ferkel ist dick.*

5. Suche in der Wörterliste weitere Wörter mit D/d am Wortanfang.
   Schreibe sie ab.

denkenputzenparkendankendrehenprahlenpoltern
purzelnduschendürfenpetzendichten

6. In der Wörterschlange verstecken sich viele Verben.
   Schreibe sie auf.

7. Ordne die Verben nach d und p.

ÜBUNGEN

Wie Tiere ihre Umwelt wahrnehmen S. 95

____ finden sich auch zurecht, wenn es dunkel ist,
denn sie ertasten mit ihren Tasthaaren die Umgebung.

____ haben an ihren Beinen Geschmacksorgane.

____ können mit ihren Fühlern schmecken.

____ verlassen sich meist auf ihre Nasen.
Sie haben einen guten Geruchssinn.

1 Schreibe die Sätze mit den richtigen Tiernamen auf.

Spuk in der Speisekammer S. 98

Larissa schleicht täglich in die Speisekammer.
Larissa schleicht täglich in den Keller.

Der Topf mit den Keksen steht auf dem Schrank.
Der Topf mit den Keksen steht auf dem Regal.

Sie nimmt jeden Tag zwei Kekse aus dem Topf.
Sie nimmt jeden Tag einen Keks aus dem Topf.

Die Schokokekse waren für Papas Geburtstag.
Die Schokokekse waren für Mamas Geburtstag.

Die Kekse hat das Gespenst stibitzt.
Die Kekse hat Larissa stibitzt.

Zum Schluss findet Larissa im Topf neue Kekse und einen Brief.
Zum Schluss findet Larissa im Topf Schwarzbrot und einen Brief.

2 Schreibe die zutreffenden Sätze auf.

London

In anderen Ländern

Englisch sprechen

Fast überall auf der Welt
lernen die Kinder in der Schule Englisch.
Wer Englisch spricht,
kann sich mit vielen Menschen
verständigen.

Auch wir benutzen oft englische Wörter.
Wir tragen T-Shirts, Boxershorts
und Jeans.
Wir fahren Inliner
und spielen mit dem Gameboy.
Wir lesen Comics
und sammeln Sticker.

1. Schreibe den Text ab.
2. Unterstreiche die englischen Wörter.
   Kennst du noch mehr englische Wörter? S. 117

Englischer Tee
England ist bekannt für seinen Tee. Täglich um fünf Uhr trinkt man eine Tasse Tee. Auf dem Tisch steht dann oft neben der Teekanne auch ein Teller mit Keksen.

3. Schreibe alle Wörter mit T/t am Wortanfang heraus.
4. Schreibe alle Wörter mit Doppelkonsonant heraus.
5. Übe den Text als Diktat.
6. Mehr über Großbritannien kannst du im Internet erfahren.

sprechen – spricht　　Tasse　　Teller　　trinken

Ein englischer Maler

Der Maler dieses Bildes heißt Thomas Gainsborough. Er war Engländer.

The cottage girl

Am 14. Mai 1727 wurde er in Suffolk getauft. Man weiß nicht genau, wann er geboren wurde, aber früher wurden die Kinder immer kurz nach ihrer Geburt getauft.

Seine Eltern merkten sehr früh, dass er gut malen konnte. Darum schickte ihn sein Vater zum Studium nach London, als er 13 Jahre alt war.

Thomas Gainsborough malte Landschaften und Porträts. Er wurde schnell berühmt. Darum durfte er auch Angehörige des englischen Königshauses malen. Diese Bilder hängen heute noch in englischen Schlössern.

1. Schreibe auf, was du über den Maler des Bildes erfährst.
2. Beschreibe das Bild.
3. Du kannst dir auch eine Geschichte über das Mädchen ausdenken.

Schule in Großbritannien

Tom und Betty gehen in ihrer Schuluniform in die Schule.
Tom trägt eine dunkle Hose und eine rote Jacke mit dem Schulwappen.
Betty liebt ihren blauen Pullover und den blauen Rock.
Jeden Morgen sagt ihre Mutter: „Fragt, wenn ihr etwas nicht versteht!"
Dann winkt sie ihnen.

1. Schreibe alle Verben aus dem Text untereinander. Ergänze hinter jedem Verb die Grundform.

Verben stehen in der Grundform (tragen) oder in der Personalform (du trägst). Wenn du nicht weißt, wie ein Verb geschrieben wird, kannst du seine Grundform bilden: du trä**g**st – tra**g**en.

trä • t	le • t	flie • t	sa • t	fra • t
lie • t	grä • t	sie • t	to • t	trei • t

2. Schreibe die Verben ab. Setze dabei b, p, g oder k richtig ein. Schreibe so: *tragen – er trägt, …*

3. Markiere den Wortstamm.

In „Briefe von Felix" erfährst du mehr über Großbritannien. S. 118

fragen lieben sagen tragen verstehen

Bei Tom und Betty zu Hause

Tom und Betty trinken mit ihren Eltern Tee.
Das ____feuer brennt. Auf dem Tisch
stehen ____brot und ____marmelade.
Die ____kanne ist ganz heiß. Betty holt
einen ____lappen, damit sich keiner verbrennt.
Im ____sessel schnurrt Kitty, Toms Katze.

1. Lies den Text. Achte auf das Bild.

2. Bezeichne die Nomen genauer.
   Suche die passenden Puzzleteile heraus:

   Kamin | Lager | Toast | Vollkorn | Orangen | Zitronen

   Tee | Kaffee | Topf | Staub | Ohren | Korb

Mit zusammengesetzten Nomen kann man etwas genauer beschreiben. Der Artikel richtet sich nach dem zweiten Nomen.

3. Schreibe die zusammengesetzten Nomen so auf:
   der Kamin, das Feuer: das Kaminfeuer, …

4. Unterstreiche die Artikel der zusammengesetzten Nomen.

5. Schreibe den Text mit den zusammengesetzten Nomen auf.

Pfadfinder

Die Pfadfinder-Idee geht auf einen Engländer zurück,
der Robert Baden-Powell hieß.
Er war vor rund hundert Jahren im Krieg in Afrika.
Dabei erlebte er so viele Grausamkeiten,
dass er neue Kriege verhindern wollte.
Er glaubte, dass Menschen sich besser verstehen,
wenn sie gemeinsam Abenteuer erleben.
Darum gründete er eine weltweite Jugendbewegung
und nannte sie „boy scouts“ (Pfadfinder).
Zuerst gehörten ihr nur Jungen an.

In ihren Regeln steht:
Sei freundlich!
Haltet zusammen!
Wir sind eine große Familie!
Tu jeden Tag eine gute Tat!

Heute können auch Mädchen an den Treffen teilnehmen.

1. Warum wurden die Pfadfinder gegründet?
2. Erkläre die Regeln.
3. Welche Regel findest du am wichtigsten?
   Unterhaltet euch darüber. Begründet eure Meinungen.

Zelt	Mücken	Feuer	Platz	Matratze
Stiche	Lager	Treffen	Luft	Pfadfinder

4. Bilde zusammengesetzte Nomen.
   Schreibe so: *das Zelt, das Lager: das Zeltlager, …*

Zelt Lager Treffen Feuer Platz

Am Lagerfeuer

1. Lies die Sätze laut vor.
2. Schreibe die Sätze ab. Achte auf die Ausrufezeichen.

Sätze, die wir rufen, sind Ausrufesätze. Sätze, die sagen, was einer tun soll, nennt man Aufforderungssätze. Nach beiden Sätzen steht ein Ausrufezeichen.

3. Welche dieser Sätze im Bild sind Aufforderungssätze?
4. Bilde noch mehr Ausrufe und Aufforderungen zu dem Bild und schreibe sie auf. Die Wörter können dir helfen:

Gitarre	Holz	Lied	Spinne	Cola

Im Pfadfinderlager

Tom schreibt seiner Mutter aus dem Pfadfinderlager.

Gleich am ersten Tag machten wir auf dem Fluss
eine tolle Floßfahrt. Das Wasser floss ziemlich schnell.
Wir mussten aufpassen um nicht in den Fluss zu fallen.
Rate mal, was wir am Ufer gesehen haben!
Eine fette Ratte!
Peter sagte: „Hoffentlich bleibt sie am Ufer."
Keiner wusste, ob Ratten schwimmen können.

1. Können Ratten schwimmen?
   Wo kannst du das herausfinden?
2. In dem Text findest du Wörter
   mit den doppelten Konsonanten
   ss, ll, ff, mm, nn, tt.
   Schreibe sie geordnet auf.

Wenn ein Wort einen kurz gesprochenen Vokal hat,
wird der nachfolgende Konsonant oft verdoppelt.

Kamm	Floß	Ofen	floss	hoffen
Hof	raten	Ratte	offen	kam

3. Sprich die Wörter deutlich.
4. Schreibe die Wörter paarweise auf und kennzeichne den kurz gesprochenen und den lang gesprochenen Vokal so: *Kamm – kam, …*

Fluss fallen Wasser Ratte aufpassen schwimmen

Tom und Kitty beim Angeln

1. Schreibe eine Geschichte zu den Bildern auf.
   Die folgenden Wörter können dir dabei helfen:

Baumstamm	sitzen	angeln	Fluss	Eimer	Forellen
Flasche	Angel	Wasser	vorbei	treiben	schwimmen

2. Was könnte in der Flasche sein?
   Erzähle oder schreibe.

Die Flaschenpost

Tom schüttelt die Flasche. Darin sind viele Zettel.

Wer | bit | Lau | se | don. | Fla | post | fin | schreibt

ra | Mil | in | Lon | die | schen | det, | te | an | ler

„Das ist bestimmt ein Geheimbrief.
Ob wir ihn lesen können?“, fragt Kitty.

1. Was musst du tun um den Brief lesen zu können? Schreibe den Brief auf.

2. Können die Kinder tun, was in dem Brief steht? Begründe deine Meinung.

Tom will nun auch einen Brief wie in der Flaschenpost schreiben.
Er schreibt erst einmal seinen Brief vor.

Liebe Betty,
wir gehen immer schwimmen. Wir müssen sehr aufpassen, weil das Wasser ziemlich schnell fließt. Kitty ist schon vom Floß gefallen, aber wir konnten sie retten. Hoffentlich passiert mir das nicht!
Viele Grüße, dein Tom

3. Wie muss Tom nun die Wörter trennen? Schreibe den Brief nach Silben getrennt auf: *Lie-be Bet-ty, …*

Wörter mit Doppelkonsonanten werden meist zwischen diesen getrennt: wol- len, im- mer.

4. Du kannst selbst einen Geheimbrief verschicken.

Die Schnitzeljagd

Zum Abschluss machen die Pfadfinder eine Schnitzeljagd.
Toms Gruppe soll einen Schatz finden:

Geht hin- Brun- zum der Kir- -ter -nen **-che.**

Wen- Rich- in -det -tung euch **Fluss.**

An müsst -de ab- Lin- rechts -bie- ihr der **-gen.**

Geht -ten Park- zur ro- bis **-bank.**

1. Schreibe die Sätze richtig auf.
2. Wo ist der Schatz versteckt?

Der Rückweg

AufdemRückwegkamensiedurcheinekleineStadt.
DieStraßenwarenengundsteil.
AufeinemTurmstandeinStorch.
Tomstarrtehinauf.
DastolperteerübereinenStein.
ZumGlückfielernichthin.

3. Schreibe den Text mit den richtigen Wortgrenzen auf.
4. Unterstreiche alle Wörter mit St/st.
5. Du kannst den Text als Diktat üben.

Stadt Stein stehen – stand steil Straße

Hopscotch

Betty spielt mit ihrer Freundin Kitty gern Hopscotch.
Das ist ein englisches Hüpfspiel.

Auf dem Schulhof malen sie mit Kreide ein Spielfeld auf und schreiben die Zahlen von 1 bis 8 hinein. Dann wirft Kitty ein Steinchen auf das Feld. Sie versucht, auf einem Bein bis zu diesem zu hüpfen. Dabei darf sie nicht auf einen Strich treten, sonst hat sie verloren! Am Ende zählt sie die gewonnenen Punkte zusammen. Dann ist Betty an der Reihe.

- Schreibe für deine Freundin oder deinen Freund auf, wie das Spiel gespielt wird. So kannst du anfangen:
  Male mit Kreide …
  Schreibe …
- Schreibe die Spielregeln für ein anderes Spiel auf, das du kennst. Versuche dann, es mit jemandem zu spielen.

Englische Reime

One, two.
I see you!
One, two, three
you see me!

Eins, zwei.
Ich seh dich!
Eins, zwei, drei,
du siehst mich!

Snow is white,
grass is green.
You are king,
I am queen.

Schnee ist weiß,
Gras ist grün.
Du bist König,
ich bin Königin.

Limerick

There was a young lady of Riga
Who rode with a smile on a tiger.
They returned from the ride
With the lady inside
And the smile on the face of the tiger.

Rudjard Kipling

Eine junge Dame aus Riga
ritt lächelnd auf einem Tiger.
Auf dem Wege zurück
lächelt er vor Glück,
denn sie war jetzt im Tiger.

Nachdichtung von Jürgen Dahl

Briefe von Felix

Felix heißt Sophies Kuschelhase.
Leider hat sie ihn auf dem Flughafen verloren.
Heute aber kommt ein Brief von ihm.

LONDON, IM AUGUST

LIEBE SOPHIE,

LEIDER HABE ICH DICH IM FLUGHAFEN VERLOREN. ABER BITTE MACH DIR KEINE SORGEN UM MICH! MIR GEHT ES GUT. ICH BIN IN EIN FALSCHES FLUGZEUG GESTIEGEN. DAS FLOG ABER NICHT NACH HAUSE, SONDERN NACH LONDON. HIER GIBT ES EINE VIERECKIGE BURG AN EINEM FLUSS, ABER DER FLUSS IST GANZ SCHÖN DRECKIG! ES GIBT AUCH EINEN GROßEN PALAST, DA STEHEN VIELE MÄNNER MIT SELTSAMEN MÜTZEN VOR. SO EINE MÜTZE WÜRDEST DU NICHT MAL IM WINTER ANZIEHEN. UND NOCH ETWAS IST KOMISCH, ALLE REDEN HIER GANZ ANDERS.

ICH MELDE MICH BALD WIEDER,
DU FEHLST MIR. DEIN FELIX

Sophie kann es kaum glauben. Ein echter Brief von ihrem Felix! Erst macht ihr Herz einen Riesensprung, dann drückt sie den Brief fest an sich. Als Nächstes umarmt sie Mama, holt tief Luft und brüllt: „Lena, Nicolas, Julius, seht euch das an!“ Als Papa von der Arbeit nach Hause kommt, darf er auch den Brief lesen und staunt nicht schlecht. „So, so, so“, sagt er, „der Ausreißer ist also in London gelandet! Das ist die Hauptstadt von England.“ – „Wie viele Menschen wohnen in einer Hauptstadt?“, fragt Sophie und möchte nun ganz genau wissen, wo ihr Felix steckt.

Mit Papa schaut sie im Lexikon unter LONDON nach. Tatsächlich, da steht: „Hauptstadt Englands und Nordirlands, liegt beiderseits der Themse, sieben Millionen Einwohner, königliche Residenz, rund 1600 Kirchen und Kapellen, Festungsanlage ‚Tower of London‘, Parlamentsgebäude, im 14. Jahrhundert eine der größten Städte Europas.“

Annette Langen/Constanza Droop

- Was erfährst du über London?
- Sammle weitere Informationen. Ihr könnt auch ein Plakat gestalten.

Spuk im Schloss

In den Ferien durften Peter und Caroline ihren Onkel Arthur besuchen. Er lebt als Verwalter auf einem alten englischen Schloss.

„In alten Schlössern gibt es doch Gespenster, oder?“, fragte Caroline beim Abendessen. „Wir haben hier nur unseren alten Henry“, lachte der Onkel. „Das ist ein alter Geist, der niemandem etwas tut. Der geht nur manchmal durch die Gänge und rasselt ein bisschen mit seinen Ketten.“ „Was? Wirklich?“, staunten die Kinder. Peter stieß Caroline an und sagte: „Onkel Arthur will uns nur verulken. Geister gibt’s doch gar nicht!“ Onkel Arthur sagte nichts.

Nach dem Abendessen flüsterte Peter Caroline zu: „Weißt du was? Heute Nacht bleiben wir beide wach. Diesen Geist will ich doch mal sehen!“ „Wir dürfen doch nicht so lange aufbleiben“, sagte Caroline erschrocken. „Wir tun doch niemandem was“, antwortete Peter.

Also trafen sich die Kinder auf dem oberen Gang. Sie hatten sich extra warm angezogen um nicht zu frieren. Dennoch war es ziemlich kühl und ungemütlich. Langsam wurden sie müde.

Plötzlich hörten sie ein Geräusch. Peter war auf einmal hellwach. „He, Caro, hörst du das auch?“, flüsterte er aufgeregt. Caroline nickte nur stumm und zitterte. Das scharrende Geräusch kam näher. Caroline hielt sich die Ohren zu.

Da! Um die Ecke des Ganges schwebte ein weißer Mann, der seinen Kopf in der Hand hielt und eine Kette hinter sich her zog. Er summte leise vor sich hin. Peter und Caroline waren vor Entsetzen stumm. Das Gespenst winkte ihnen zu und der Kopf lächelte freundlich unter dem Arm hervor. Dann verschwand es durch die nächste Wand.

Die Kinder sausten so schnell sie konnten in ihre Betten. Fürs Erste hatten sie von Gespenstern genug gesehen!

Ute Schimmler

- Erzähle die Geschichte mit eigenen Worten.
- Wie sah das Gespenst aus? Beschreibe und male es.
- Du kannst auch eine eigene Gespenstergeschichte schreiben.

Alice im Wunderland

Angefangen hatte es damit,
dass Alice recht neugierig war.
Und als eines Tages
ein weißes Kaninchen vorbeihüpfte,
eine Uhr aus der Westentasche zog
und dabei noch seufzte:
„Jeje, ich komme zu spät zur Königin!“,
rannte sie ihm nach, denn so etwas
konnte sie sich doch nicht
entgehen lassen.

Doch das Kaninchen schlüpfte
in eine Höhle hinein, Alice hinter ihm her,
und auf einmal sauste sie hinab in ein Loch
und rutschte immer tiefer
und wurde dabei immer kleiner
und kleiner –
bis sie nur noch ein wenig größer war
als drei Daumen.

Dann flog sie sanft, ganz sanft
wie eine Schneeflocke hinab.
Das Kaninchen aber kroch aus dem
unterirdischen Gang wieder heraus,
niemand weiß wohin,
und Alice blieb allein zurück.
Sie war ins Wunderland geraten.

Alice gelangte in einen Wald
und sah dort einen schönen Pilz,
auf dem sich eine Raupe
niedergelassen hatte.

Gekürzte Fassung nach Lewis Carroll

● Was könnte Alice mit der Raupe erleben?

Wie ein listiger Sperling sein Leben rettete

Es flog einmal ein Sperling
auf den Misthaufen eines Bauern.
Da kam der Kater,
erwischte den Sperling,
trug ihn fort
und wollte ihn verspeisen.

Der Sperling aber sagte:
„Kein Herr hält sein Frühstück,
bevor er sich den Mund
gewaschen hat.“

Das nahm der Kater
sich zu Herzen,
setzte den Sperling auf den Boden
und begann sich mit der Pfote
den Mund zu waschen.
Doch da flog ihm
der Sperling davon.

Das ärgerte den Kater furchtbar,
und er sagte bitter:
„Solange ich lebe,
werde ich zuerst frühstücken
und dann den Mund abwaschen.“
Und so macht er es
bis zu dieser Stunde.

Englische Fabel

ÜBUNGEN

d oder t?

Han-	Kin-	Duf-	Hun-	Ban-	Mun-

1. Wie heißen die Wörter?
2. Bilde die Mehrzahl der Nomen.
3. Schreibe Einzahl und Mehrzahl auf.
4. Findest du dazu Reimwörter?

Zusammengesetzte Nomen

5. Setze jeweils zwei Nomen zusammen.
   Schreibe so: *der Finger, der Nagel: der Fingernagel, …*
6. Stelle ähnliche Rätsel.
7. Bilde zusammengesetzte Nomen mit „Haus“.

ÜBUNGEN

Satzzeichen

Im Sommer ist es meistens warm   Diese Hitze
Warum ist den Leuten nur heiß
Sie können schwimmen gehen oder Eis essen
Aber nein   Sie jammern   Ob ihnen der Winter lieber ist

❶ Schreibe den Text mit den richtigen Satzzeichen auf.

Wörter mit St

❷ Schreibe die Nomen zu den Bildern auf.
Kontrolliere mit der Wörterliste.

Silbenrätsel

1. ☐ spenster 2. ☐ land 3. ☐ garten

4. ☐ lett 5. ☐ uhr 6. ☐ schrecken 7. ☐ ter

Irr-	er-	Turm-	Ske-	Ge-	Eng-	Rit-

❸ Aus diesen Silben kannst du Wörter bilden.
Schreibe sie in dein Heft.

❹ Schreibe jeweils den ersten Buchstaben jedes Wortes hintereinander auf. Welches Lösungswort entsteht?

❺ Du kannst ähnliche Rätsel erfinden.

ÜBUNGEN

Lang und kurz gesprochene Vokale

Schafe	Hüte	wenn	schaffe	Schal	wen	Hütte	Schall

1. Schreibe die Wörter paarweise ab.
2. Markiere die kurz und lang gesprochenen Vokale: *Schafe - schaffe, …*

Nomen mit doppeltem Konsonanten

Him-	Rat-	Pap-	Rit-	Wel-	Wol-	Map-
Wat-	Pup-	Hum-	Sup-	Ret-	Mat-	Rol-

-pe	-ter	-mel	-te	-le

3. Aus je einer oberen und einer unteren Silbe kannst du ein Nomen bilden.
   Schreibe so: *Him-mel: der Himmel, …*
4. Einige Wörter reimen sich.
   Schreibe sie mit Artikel untereinander auf.

Reime

Flocken, die klappen,
Echos, die wippen,
Vögel, die klingen,
Flöten, die schwimmen,
Kinder, die hallen,

Schaufeln, die singen,
Türen, die tappen,
Füße, die schippen,
Boote, die fallen –
kann das so stimmen?

5. Was ist hier durcheinander geraten?
   Schreibe das Gedicht richtig auf.
6. Trenne die Verben. Schreibe so: *klappen: klap-pen, …*

ÜBUNGEN

Briefe von Felix S. 118

Sophie hat Felix auf dem Bahnhof verloren.
Sophie hat Felix auf dem Flughafen verloren.

Sophie schaut im Lexikon nach.
Sophie schaut im Wörterbuch nach.

Die Hauptstadt von England ist London.
Die Hauptstadt von England ist Europa.

1. Schreibe die zutreffenden Sätze auf.

Spuk im Schloss S. 120

	ja	nein
Peter und Caroline besuchten ihren Onkel Arthur.	H	F
Ihm gehört ein englisches Schloss.	L	A
Der Geist im Haus heißt Henry.	U	L
Peter und Caroline wollten nachts wach bleiben.	S	K
Sie trafen sich auf dem unteren Gang.	K	G
Das Gespenst hatte eine Kette um den Hals.	P	E
Das Gespenst summte leise.	I	N
Es verschwand durch eine Wand.	S	K
Es löste sich in Luft auf.	O	T

2. Welche Sätze sind richtig?
Schreibe die dazugehörigen Buchstaben auf.
Sie ergeben ein Lösungswort.

Zeit vergeht

Ein Sommertag vor 100 Jahren

Peter steht um halb fünf auf.
Sein Vater ist schon seit vier Uhr auf dem Feld zur Ernte.
Peter mistet den Stall aus und füttert die Kühe.
Zur gleichen Zeit weicht seine Schwester die Wäsche ein.
Nach dem Frühstück wollen seine Mutter und seine Tante
die Wäsche waschen. Peter geht dann zur Schule.
Nur am Sonntag ist kein Unterricht. Da gehen alle in die Kirche.

Nachmittags muss Peter Holz hacken.
Am Abend essen alle aus einer großen Schüssel Grütze.
Später erzählt sein Großvater Märchen und die Mutter
näht Wäsche. Sein Bruder und sein Onkel schnitzen Holzlöffel.

1. Wer gehört zu Peters Familie? Schreibe die Nomen für Verwandte mit dem bestimmten Artikel untereinander.

2. Suche für jeden Verwandten den dazugehörenden Partner.
Schreibe so: *die Mutter – der Vater, …*

3. Was tun die einzelnen Personen?
Schreibe so: *Peter steht auf. – Er steht auf.*

Was Babsis Oma früher erlebt hat, liest du auf S. 148.

Schwester Bruder Mutter Vater Tante Onkel Großvater

Ein Sommertag heute

Peter steht um halb sieben auf. Er frühstückt mit seinen Eltern und seiner Schwester. Dann geht er zur Schule.
Seine Eltern bringen seine Schwester in den Kindergarten.
Danach fahren sie zur Arbeit. Peters Mutter ist Arzthelferin.
Sein Vater arbeitet in einem Büro.
Um 17 Uhr sind sie immer zu Hause.
Deshalb geht Peter zum Mittagessen zu seinen Großeltern.

Am Nachmittag macht Peter Schularbeiten.
Am Dienstag und Donnerstag spielt er Fußball.
Jeden Freitag wäscht seine Mutter seine Sportsachen in der Waschmaschine.
Am Wochenende unternehmen alle gemeinsam etwas.

1. Welches Kind möchtest du lieber sein?
   Vergleiche die Texte.
   Schreibe deine Meinung auf und begründe sie.

2. Schreibe die Wochentage auf und ergänze die fehlenden.
   Die Wörterliste hilft dir.

3. Wie sieht dein Tagesablauf aus? Schreibe ihn auf.
   Du kannst auch Bilder dazu malen.

Dienstag Donnerstag Freitag unternehmen

Anna erzählt

Meine Urgroßmutter hatte sechs Kinder.
Da gab es immer viel zu tun:
Sie musste morgens das Feuer im Herd anmachen und Wasser holen. Waschen und Bügeln waren anstrengend.
Die schweren Wäschestücke mussten eingeweicht, gekocht und gerubbelt werden, bevor man sie aufhängen konnte.
Zum Bügeln musste man das Bügeleisen auf den Herd stellen um es zu erhitzen. Meine Urgroßmutter sagt, heute ist alles leichter.

Meine Mutter ist Ärztin.
Oft kommt sie erst spät nach Hause.
Dann ist sie froh, dass wir eine Waschmaschine und einen Geschirrspüler haben.
Auch meine Tante Lisa arbeitet.
Sie ist Taxifahrerin.
Ich werde später Tänzerin oder Schauspielerin.

1. Warum meint Annas Urgroßmutter, dass heute alles leichter ist?
2. Im Text sind einige Berufe genannt. Schreibe sie mit Artikel auf.
3. Was möchtest du später werden?
   Schreibe es auf und begründe deinen Wunsch.

Ihre Urgroßmutter erzählt

Als ich jung war, konnte man Kleider nicht fertig kaufen. Man ging zu einer Schneiderin um sie sich nähen zu lassen. Ich bin immer mit meiner Mutter zu Frau Ritters gegangen. Sie hat auch Sachen weiter oder kleiner gemacht. Frau Ritters hat damals auch mein Brautkleid genäht. Wir haben an einem Freitag geheiratet und sind mit einer weißen Kutsche zur Kirche gefahren. Frau Ritters hat meiner Mutter ein schwarzes Seidenkleid genäht.

1. Was erfährst du über die Schneiderin?
2. Schreibe alle Wörter mit dem Zwielaut ei heraus. Unterstreiche den Zwielaut.
3. Suche Reimwörter: *ein, mein, …*
4. Schreibe alle Wörter mit K/k am Wortanfang auf.
5. Was kann dir deine Großmutter erzählen?

Kleid klein kaufen heiraten weiß

Märchen

Jakob und Wilhelm Grimm waren Brüder.
Jakob lebte von 1785 bis 1863,
Wilhelm von 1786 bis 1859.
Damals gab es kein Fernsehen.
Deshalb erzählten sich die Menschen
abends gern Geschichten.
Beide liebten Märchen.
Die Brüder befürchteten, dass die Menschen
die Märchen vergessen könnten.
Denn sie wurden nur weitererzählt,
aber nirgends aufgeschrieben.
Darum beschlossen sie die Märchen,
die sie hörten, zu sammeln.
Im Jahr 1812 gaben Jakob und Wilhelm Grimm
die „Kinder- und Hausmärchen“ heraus.

1. Warum gaben Jakob und Wilhelm Grimm die „Kinder- und Hausmärchen“ heraus?

Liebe Cousine,
ich habe mich von den Ereignissen nur schwer erholt. Man sagt mir nach, ich hätte ein kleines Mädchen fressen wollen, das seiner Großmutter Kuchen und Wein bringen wollte. Dabei war es nur ein ganz harmloser Streich.
Ich hoffe, du glaubst mir!

Es grüßt dich dein …

Ihr Lieben,
nun haben wir endlich nach Hause gefunden. Unser Vater war sehr froh, dass wir solchen Reichtum mitbrachten. Nie wieder werden wir in ein Haus aus Lebkuchen gehen!

Liebe Grüße von …

2. Wer hat die Briefe geschrieben?

3. Schreibe auf, um welches Märchen es sich jeweils handelt.

Märchen-Zahlen

Hat der Wolf denn die sieben Geißlein gefressen?

… musste sie wirklich hundert Jahre schlafen?

… sieben auf einen Streich?

Die Müllerstochter gab erst ihren Ring her, dann ihre Kette und dann versprach sie ihr erstes Kind …

Dreimal ging die Stiefmutter über die sieben Berge …

❶ Von welchen Märchen ist hier die Rede? Schreibe die Namen der Märchen auf.

In Märchen spielen Zahlen oft eine wichtige Rolle.

❷ Welche Zahlen kommen in diesen Märchen vor?

❸ Kennst du noch mehr Märchen, in denen Zahlen eine Bedeutung haben? Schreibe die Namen der Märchen auf.

❹ Erzähle die Märchen kurz nach.

Däumelinchen

Es war einmal ein Mädchen, das war nur so groß wie ein Daumen.
Darum wurde es Däumelinchen genannt.

So sah Däumelinchen aus:

Ein niedliches Kindchen
mit winzigen Fingerchen,
blauen Äuglein und
einem rosa Mündchen.
Als Bettchen hatte es eine
halbierte Walnussschale,
ein Rosenblättchen
deckte es zu.

So sah Däumelinchen aus:

Ein niedliches Kind
mit winzigen Fingern,
blauen Augen und
einem rosa Mund.
Als Bett hatte es eine
halbierte Walnussschale,
ein Rosenblatt
deckte es zu.

1. Welcher Text beschreibt Däumelinchen besser?
   Begründe deine Meinung.

Die Endsilben -chen und -lein verkleinern Nomen.
Diese Nomen haben in der Einzahl immer den Artikel **das**.

2. Schreibe die Nomen mit den Endsilben -chen und -lein
   mit Artikel untereinander auf.

3. Schreibe die Grundwörter dazu: *das Kindchen – das Kind, …*

Du kannst das Märchen „Das Natternkrönlein“ lesen. S. 145

Bei den sieben Zwergen

Die sieben Zwerge wohnen in einem winzigen Haus.
Sie trinken aus Bechern und schlafen in kleinen Betten.
Sie essen mit Messern, Gabeln und Löffeln.
Ihre Teller waschen sie am Brunnen ab.
Ihre roten Mützen kann man schon
von weitem erkennen.

1. Übe den Text als Diktat.
2. Schreibe den Text mit den Verkleinerungen auf.
   Aus Haus wird Häuschen …
3. Markiere die Veränderungen.

Wenn man die Endsilben -chen und -lein benutzt,
wird manchmal aus einem Vokal ein Umlaut.
Auch der Zwielaut au kann sich verändern.

Krone	Rock	Baum	Mutter	Maus	Katze	Glas

4. Schreibe die Wörter mit Artikel untereinander.
   Schreibe daneben die Verkleinerungsform:
   die Krone – das Krönchen, …
5. Markiere die Veränderungen.

erkennen winzig Löffel Gabel Messer

Viele Märchen

Die böse Königin ___
Schneewittchen zu vergiften.

Die Geißenmutter ___
ihre sieben Geißlein.

Die Königin wollte nicht ___, dass
Rumpelstilzchen ihr Kind mitnahm.

Die Pechmarie wollte die Brote
im Ofen verbrennen ___.

Der Wolf wollte Rotkäppchen ___,
dass er die Großmutter wäre.

Die Goldmarie musste
bei Frau Holle oft die Betten ___.

suchen
versuchen

lassen
zulassen

machen
vormachen

❶ Schreibe die Sätze auf und setze die treffenden Verben ein.

Vorsilben verändern den Sinn eines Wortes:
lesen – **vor**lesen – **ver**lesen.

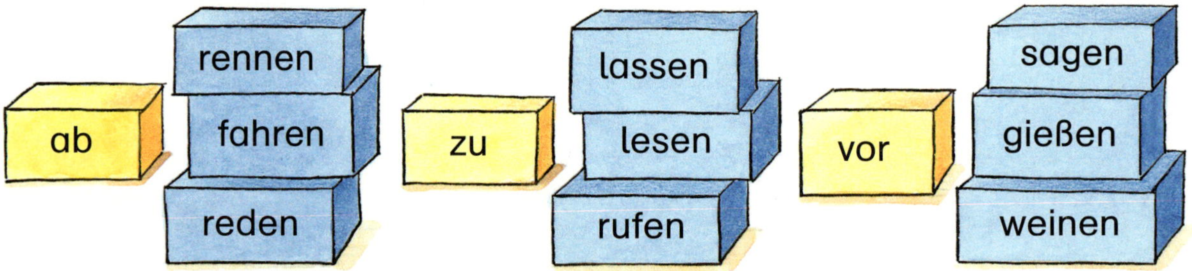

❷ Bilde sinnvolle Verben und schreibe sie auf.

❸ Schreibe Sätze mit diesen Verben auf.

❹ Bilde weitere Verben mit den Vorsilben ab-, ver-, vor- und zu-.

suchen lassen machen fahren rufen

Frau Holle

Eine Witwe hatte zwei Töchter, davon war die eine faul und hässlich, die andere fleißig und schön. Sie hatte aber die Faule viel lieber, weil die ihre richtige Tochter war. Die Fleißige musste jeden Tag am Brunnen spinnen. Einmal fiel ihr jedoch die Spule hinein. Sie sprang hinterher um sie zu holen.
Nach einem langen Weg kam sie zu Frau Holle.
Dort arbeitete sie ordentlich und fleißig. Als sie nach Hause wollte, musste sie durch ein Tor gehen und wurde mit Gold überschüttet.
Die andere Tochter wollte nun das gleiche Glück haben.
Sie war aber unordentlich und faul.
Als sie nach Hause kam, war sie mit schwarzem Pech überschüttet.

1. Wie werden die beiden Töchter beschrieben?
   Schreibe es auf.
   Du kannst auch eine Tabelle anlegen.

süß	rau	kalt	dick	lang	klein
schwer	gelb	jung	böse	spät	schnell

2. Suche zu jedem dieser Adjektive das Gegenteil.
   Schreibe so: *süß – sauer, …*

3. Findest du noch weitere Gegensatzpaare?

4. Bilde Sätze mit diesen Adjektiven.

Die Bremer Stadtmusikanten

❶ Erzähle das Märchen. Wie fängst du an?

nach Bremen gehen | Stadtmusikant werden | Tiere werden müde

Tiere sehen von fern ein Licht | Räuberhaus

Esel, Hund, Katze und Hahn stellen sich aufeinander

Konzert | Räuber fliehen | Tiere sitzen gemütlich am Tisch

❷ Du kannst das Märchen auch aufschreiben.
Die Wortgruppen helfen dir.

Von der Hexe, die schwimmen lernen wollte

Es war einmal eine Hexe, die wollte schwimmen lernen.
Im Bach ekelte sie sich vor den Kaulquappen. Am Meer waren ihr die Wellen zu hoch, und sie mochte die Quallen nicht.
Dann kam sie an einen See, in dem viele Frösche quakten.
Sie hatte gerade einen Zeh ins Wasser gesteckt, da erschien eine grüne Nixe mit goldenem Haar.
„Kannst du mir helfen?“, fragte die Hexe.
„Ich möchte schwimmen lernen.“
„Ohne Schwanz?“, kicherte die Nixe.
„Das geht nicht!“
Dann tauchte sie unter.
Da wurde die Hexe traurig.
Plötzlich kamen quer über die Wiese zwei Kinder angelaufen.
„Könnt ihr mir helfen?“, fragte die Hexe.
„Ich möchte gern schwimmen lernen.“
„Ja, gern, wir holen dir einen Schwimmreifen und zeigen dir, wie es geht“, antworteten die Kinder.
So lernte die Hexe doch noch schwimmen, und wenn sie nicht gestorben ist, dann lebt sie noch heute.

Ute Schimmler

1. Ist dieser Text ein Märchen? Woran kann man das erkennen?
2. Schreibe die Wörter mit x, qu, aa und ee heraus.
3. Schreibe alle Wörter mit Doppelkonsonant heraus.
   Markiere den kurz gesprochenen Vokal: *schwimmen, …*
4. Bilde Sätze mit den Lernwörtern.

Hexe | Meer | See | Haare | quaken | quer

Wie es kam, dass der Hamster den Tiger fraß

Alle Tiere lebten in einem Garten zusammen. Eines Tages erschraken sie über das Schmerzgebrüll des Tigers.

„Was ist los?“, fragte der Hase den Vogel Strauß, der neben dem Tiger wohnte. „Der Hamster hat den Tiger in den Schwanz gebissen“, antwortete der Strauß, der es gesehen hatte.

„Was ist los?“, fragte das Zebra den Hasen, dessen Nachbar es war. „Der Hamster hat dem Tiger ein Stück vom Schwanz abgebissen“, antwortete der Hase.

„Was ist los?“, fragte die Giraffe das Zebra. „Der Hamster hat dem Tiger den Schwanz abgebissen.“

„Was ist los?“, fragte der Elefant seine Nachbarin, die Giraffe. „Der Hamster hat von rückwärts den Tiger angefressen“, antwortete die Giraffe.

„Was ist los?“, fragte das Kamel den Elefanten. „Der Hamster hat den Schwanz und die Hinterbeine des Tigers gefressen“, antwortete der Elefant.

„Was ist los?“, fragte der Bär das Kamel. „Der Hamster hat den halben Tiger gefressen.“

„Was ist los?“, fragte das Pony. „Der Hamster hat den Tiger gefressen, und es ist nur noch ein Stück von ihm da“, antwortete der Bär.

„Was ist los?“, fragte das Nashorn. „Der Hamster hat den Tiger bis auf den Kopf gefressen“, antwortete das Pony.

„Was ist los?“, fragte die Antilope. „Der Hamster hat den Tiger samt dem Kopf gefressen“, antwortete das Nashorn.

So kam es, dass der Hamster den Tiger fraß.

Ursula Ziebarth

- Lest den Text mit verteilten Rollen.
- Ihr könnt die Geschichte auch nachspielen.
- Schreibe eine Einladungskarte für euer Theaterspiel.
  Wichtig sind:
  Tag, Zeit, Ort und Anlass der Einladung.

Das Rübenziehen

Väterchen hat Rüben gesät. Er will eine Rübe herausziehen, er packt sie beim Schopf, er zieht und zieht und kann sie nicht herausziehen.

Väterchen ruft Mütterchen. Mütterchen zieht Väterchen, Väterchen zieht die Rübe, sie ziehen und können sie nicht herausziehen.

Kommt das Enkelchen: Enkelchen zieht Mütterchen, Mütterchen zieht Väterchen, Väterchen zieht die Rübe, sie ziehen und ziehen, können sie nicht herausziehen.

Kommt das Hündchen: Hündchen zieht Enkelchen, Enkelchen zieht Mütterchen, Mütterchen zieht Väterchen, Väterchen zieht die Rübe, sie ziehen und ziehen, können sie nicht herausziehen.

Kommt das Hühnchen: Hühnchen zieht Hündchen, Hündchen zieht Enkelchen, Enkelchen zieht Mütterchen, Mütterchen zieht Väterchen, Väterchen zieht die Rübe, sie ziehen und ziehen, können sie nicht herausziehen.

Kommt das Hähnchen: Hähnchen zieht Hühnchen, Hühnchen zieht Hündchen, Hündchen zieht Enkelchen, Enkelchen zieht Mütterchen, Mütterchen zieht Väterchen, Väterchen zieht die Rübe, sie ziehen und ziehen – schwupps, ist die Rübe heraus und das Märchen ist aus.

Volksgut aus Russland

- Dieses Märchen könnt ihr nachspielen.

Das Natternkrönlein

Es war einmal ein geiziger Bauer, bei dem arbeitete eine gutherzige Magd. Im Kuhstall des Bauern wohnte eine Krönleinnatter, die man nachts wunderschön singen hörte.

Wenn nun die Magd die Kühe molk, kroch manchmal das Schlänglein aus der Mauerspalte, in der es wohnte, und sah mit klugen Äuglein dem Mädchen zu. Da wurde es ihr zur Gewohnheit, etwas Milch in ein Untertässchen zu gießen und dem Schlänglein hinzustellen, und dieses trank und wandte dabei sein Köpfchen, sodass das Krönlein wie ein Diamant glitzerte.

Einmal geschah es, dass der Bauer in den Stall trat, als die Krönleinnatter gerade ihr Tröpfchen Milch schleckte. Er war außer sich vor Wut, dass die Magd dem Tierchen seine Milch gab, und sie musste den Hof verlassen. Das Natterchen aber verließ den Hof auch und gab der Magd sein Krönlein.

Dies aber war ein Glücksbringer. Die Magd fand sofort Arbeit und heiratete einen reichen und lieben Mann. Der hartherzige Bauer aber hatte nur noch Unglück und musste seinen Hof verkaufen.

Nach Ludwig Bechstein

Der Drache mit den roten Augen

Ich denke oft an unseren Drachen.
Nie werde ich jenen Morgen im April vergessen, an dem ich ihn zum ersten Mal sah.
Mein Bruder und ich kamen in den Schweinestall. Wir wollten die kleinen Ferkel anschauen, die in der Nacht geboren worden waren.
Da lag die große Sau im Stroh und zehn Ferkelchen drängelten sich an sie. Ganz allein für sich in einer Ecke stand jedoch ein kleiner, schwächlicher grüner Drache mit bösen Augen.
„Was ist das denn?“, fragte mein Bruder.
Er war so erstaunt, dass er kaum sprechen konnte.
„Ich glaube, das ist ein Drache“, sagte ich.
„Die Sau hat zehn Ferkel und einen Drachen bekommen.“

Und so war es auch. Wie es zugegangen war, wird man wohl nie erfahren. Ich glaube, die Sau war genauso erstaunt wie wir.
Besonders entzückt war sie von ihrem Drachenkind nicht, aber sie gewöhnte sich allmählich daran. Nur dass es sie jedesmal biss, wenn es trinken wollte, daran gewöhnte sie sich nie.
Das konnte sie so wenig leiden, dass sie sich schließlich weigerte ihm etwas zu trinken zu geben.

Mein Bruder und ich mussten daher jeden Tag hinüber zum Schweinestall gehen um dem Drachen Futter zu bringen. Wir brachten ihm kleine Kerzenstummel, Schnüre, Korken und alles, was Drachen gern fressen. Bestimmt wäre der Drache verhungert, wenn mein Bruder und ich nicht immer wieder mit unserem Korb zum Schweinestall gegangen wären.

Alle Ferkel grunzten vor Hunger, wenn wir die Tür zum Schweinestall öffneten. Der Drache aber stand einfach ganz still da und starrte uns aus seinen roten Augen an. Nicht einen Ton sagte er, doch wenn er fertig gefressen hatte, rülpste er jedes Mal ziemlich laut, und dann machte er ein zufriedenes rauschendes Geräusch, indem er mit dem Schwanz wedelte.

Astrid Lindgren

Und vorher?

„Erzähl mir was von der Oma“, sagte Babsi.
„Die Oma ist tot“, sagte der Vater. „Das weißt du doch.“
„Aber vorher“, sagte Babsi.
„Vorher war sie eine alte Frau.
Sie hat auf einem Stuhl in der Sonne gesessen.
Und wenn es regnete, saß sie am Fenster.“
„Und vorher?“, fragte Babsi.
„Vorher hat der Opa noch gelebt.
Da hat die Oma jeden Tag eingekauft.
Sie haben ferngesehen, und die Oma hat
für den Opa seine Brille gesucht.“
„Und vorher?“, fragte Babsi.
„Vorher ist die Oma mit dem Opa öfter verreist.
Und eines Tages hat ihr Sohn gesagt, dass er
jetzt nicht mehr so früh nach Hause kommen will.“
„Und vorher?“, fragte Babsi.
„Vorher hat die Oma mich in die Schule gebracht.
Ich bin ja ihr Sohn.
Auf dem Rückweg hat sie sich ein Eis gekauft
und hat es auf der Straße gegessen.
Manchmal ist sie mit dem Opa ins Theater gegangen.
Und hin und wieder haben sie gestritten.“

„Und vorher?“, fragte Babsi.

„Vorher ist die Oma eine Mutter geworden, und sie war froh darüber. Aber in dem Jahr hat sie zum ersten Mal nicht zum Karneval gehen können, weil sie auf ihr Kind aufpassen musste.“

„Und vorher?“, fragte Babsi.

„Vorher hat die Oma den Opa geheiratet. Da haben sie sich oft lange in die Augen gesehen. In den Nächten haben sie eng beieinander gelegen.“

„Und vorher?“, fragte Babsi.

„Vorher ist die Oma ein junges Mädchen gewesen, mit einer ganz glatten Haut. Sie ist gerne mit dem Fahrrad gefahren. Einmal war sie in Wien.“

„Und vorher?“, fragte Babsi.

„Vorher war die Oma ein Kind. Sie hat einen Hund gehabt, der Jippi hieß. Mit fünf ist sie in den Fluss gefallen und beinah ertrunken. Am liebsten hat sie Perlen auf lange Fäden aufgezogen.“

„Und vorher?“, fragte Babsi.

„Vorher ist die Oma geboren worden“, sagte der Vater. „Sie ist aus dem Bauch ihrer Mutter auf die Welt gekommen und war ein winzig kleines Kind. Ja, und damit fing alles an.“

Gina Ruck-Pauquèt

- Was weißt du über deine Oma?
- Ihr könnt Omageschichten zu einem Buch oder einem Poster zusammenstellen.

Neue Schuhe

Es ist Ende Mai und schon richtig warm. Pauline probiert die Sandalen vom letzten Sommer an. Sie passen nicht mehr! „Ich brauche neue Schuhe“, sagt sie zu Mama. „Schon wieder?“, stöhnt Mama. „Wir haben doch gerade erst welche gekauft.“ „Mama!“, sagt Pauline empört. „Wir haben zuletzt dicke Turnschuhe gekauft. Das war im Winter. Das ist schon ewig lange her! Jetzt brauche ich Sandalen. Die alten sind zu klein.“

Schon im ersten Geschäft stolziert Pauline mit himmelblauen Sandalenfüßen im Kreis um Mama herum. „Wie sehe ich damit aus?“ „Zum Verlieben“, schmunzelt Mama. Da weiß Pauline, dass sie gewonnen hat. Sie strahlt.

Als Mama und Pauline das Geschäft gerade verlassen wollen, kommen zwei Frauen herein. Eine ist etwas älter als Mama, die andere ist schon sehr alt.

Die alte Frau hebt auf einmal den Kopf und blickt Pauline ins Gesicht. Ganz aufmerksam guckt sie, ihre Augen werden immer größer. Plötzlich sagt sie: „Lisa! Lisa Wagner!“, und lächelt Pauline an. LISA heißt Paulines Mutter und WAGNER heißen Paulines Großeltern.

Pauline guckt verwirrt zu Mama. Die geht einen Schritt auf die alte Frau zu und begrüßt sie mit beiden Händen. Die alte Frau guckt Mama an, guckt wieder Pauline an, und jeder kann sehen, dass es in ihrem Kopf arbeitet.

Mama zieht Pauline ein Stückchen näher. „Das ist Pauline, meine Tochter.“ Und zu Pauline sagt sie: „Das ist Frau Winter. Sie war meine Klassenlehrerin in der Grundschule.“

Pauline steht ganz still und guckt von der einen zur anderen. Die alte Frau war Mamas Lehrerin? Kann das sein? Paulines Lehrerin sieht viel, viel jünger aus. Wird sie auch eines Tages so alt? Und wie alt ist Pauline dann? Das will sie nachher zu Hause einmal ausrechnen …

Anne Steinwart

- Woran merkt Pauline, dass sie älter wird?
- Warum redet Frau Winter Pauline mit Lisa an?
- Wem siehst du ähnlich?

Wörter mit ee, qu und x

Desiree war in den Ferien am Meer: „Ich hatte immer Teer an den Füßen. Einmal bin ich fast in eine Qualle getreten. Ich habe vielleicht gequiekt! Wenn meine Eltern Tee getrunken haben, habe ich ein riesiges Eis gekriegt."

Felix war an einem See: „Der See war fast quadratisch. Es gab viele Frösche, die immer laut quakten. Kaulquappen habe ich auch gesehen, aber ich durfte keine fangen."

Die Lehrerin erzählt: „In den Bergen lag noch Schnee, obwohl es im Tal schon Blumen und Klee gab. Bei der Rückfahrt musste ich ein Taxi quer durch die Stadt nehmen, weil ich sonst den Zug verpasst hätte."

1. Ordne die Wörter in eine Tabelle nach ee, qu und x.
2. Suche noch mehr Wörter mit diesen Buchstaben. Schreibe Sätze.
3. Du kannst einen der Texte als Diktat üben.

Zusammengesetzte Nomen mit ee

4. Suche die Nomen in der Wörterliste. Schreibe sie mit Artikel auf.
5. Bilde zusammengesetzte Nomen und schreibe sie auf.

ÜBUNGEN

Berufe

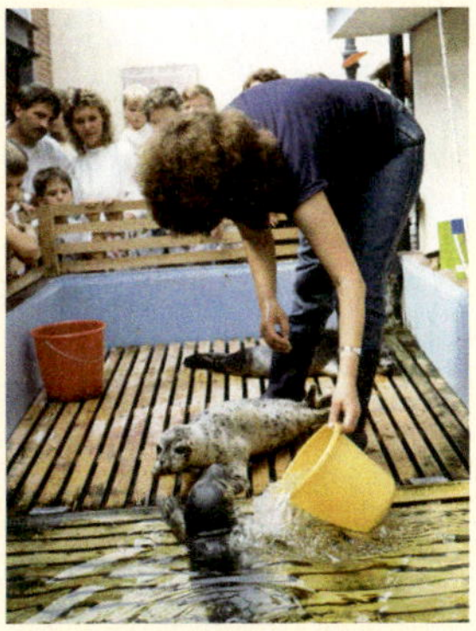

❶ Welche Berufe haben die Frauen auf den Fotos?
Schreibe die Berufe mit Artikel auf.

❷ Bilde die männliche Form.
Schreibe so: *die Köchin – der Koch, ...*

Wochentage

Diens-	Don-	Frei-	Mitt-	Mon-	-ners-	Sams-	Sonn-

-tag	-tag	-tag	-tag	-tag	-tag	-woch

❸ Setze die Silben zu Wochentagen zusammen.

Wörter mit der Endung -chen

Auf dem Turm sitzt ein Wurm. Kommt ein Sturm,
weht den Wurm vom Turm. – Armer Wurm!

❹ Schreibe den Text ab. Beginne nach jedem Reimwort auf einer neuen Zeile.

❺ Setze die Endung -chen an die Nomen und schreibe diesen Text ab.
Dabei ändern sich manchmal auch Artikel und Adjektiv.

Gegenteilige Adjektive

Was nicht schwarz ist, das ist ____,
was nicht kalt ist, das ist ____,
was nicht eng ist, das ist ____,
was nicht schmal ist, das ist ____,
was nicht eckig ist, ist ____,
wer nicht krank ist, ist ____,
wer nicht müde ist, ist ____,
wer nicht stark ist, der ist ____.

schwach	gesund	breit	rund	weiß	weit	wach	heiß

1. Schreibe das Gedicht mit den richtigen Reimwörtern auf.
2. Stelle die Adjektive und ihre Gegenteile so gegenüber:
   schwarz – weiß, ...
3. Bilde solche Sätze mit gegenteiligen Adjektiven.
   Sie müssen sich nicht reimen.

Vorsilben

schreiben	lesen	reisen	packen	bauen
lassen	decken	machen	bringen	kaufen

4. Verändere die Verben mit den Vorsilben ab-, ver-, vor- und zu-.
5. Bilde mit diesen Vorsilben weitere Verben.
6. Schreibe mit den neu entstandenen Verben Sätze.

ÜBUNGEN

❶ In welchem Text findest du die Antwort auf diese Frage:
Wer ist Lisa Wagner?

Das Natternkrönlein S. 145

Eine gutherzige Magd arbeitete bei einem Bauern.
Eine geizige Magd arbeitete bei einem Bauern.

Das Schlänglein wohnte in einer Mauerspalte.
Das Schlänglein wohnte in einem Heuhaufen.

Die Magd gab dem Schlänglein Milch zu trinken.
Der Bauer gab dem Schlänglein Milch zu trinken.

Die Natter gab der Magd ihr Krönlein, als sie den Hof verließ.
Die Natter gab dem Bauern ihr Krönlein, als sie den Hof verließ.

❷ Schreibe die richtigen Sätze auf.

Und vorher? S. 148

	Ja	Nein
Oma saß gern in der Sonne.	V	I
Opa suchte für Oma die Brille.	N	O
Sie ist immer mit Opa ins Theater gegangen.	S	R
Oma hat Opa geheiratet.	H	L
Einmal war sie in Wiesbaden.	A	E
Omas Hund hieß Jippi.	R	P

❸ Welche Sätze sind richtig?
Schreibe die dazugehörigen Buchstaben auf.
Sie ergeben ein Lösungswort.

Der Kern – Das Jahr der Sonnenblume

Ein kleiner Kern, von der Sonne geweckt,
zeigt übers Jahr, was in ihm steckt.
Es ist ein Wunder, du kannst es sehen!
Probier's selbst aus, um dann mit wachen Augen
durch die Welt zu gehen.

Aus einer gelben Sonne fällt
ein Kern hinunter auf die Welt
ins weiche Gras hinein,

schläft in der warmen Erde ein,
lässt den Winter Winter sein

Das Jahr

und streckt, vom Frühling geweckt,
den Finger aus nach oben, da ist's hell.
Ganz schnell geht's weiter in die Höh'.

Und sieh! Mit der Zeit ist es so weit:
Aus einer gelben Sonne fällt ein Kern
hinunter auf die Welt!

Bärbel Haas

Herbst

Herbstlied

Worte: G. Lang

2. Da fuhr er durch die Äste
und pflückte Blatt um Blatt.
„Nun ziehen wir zum Feste,
nun ziehen wir zum Feste,
nun tanzen wir uns satt.“

Wir suchen den Herbst

„Bist du der Herbst?“, fragen die Kinder das bunte Laub.
„Nein, ich bin nur sein Kleid.“

„Bist du der Herbst?“, fragen die Kinder den Nebel.
„Nein, er versteckt sich in mir.“

„Bist du der Herbst?“, fragen die Kinder den Apfel.
„Nein, ich gehöre zu seinem Gepäck.“

„Bist du der Herbst?“, fragen die Kinder die Aster.
„Nein, ich stehe an seinem Weg und grüße ihn.“

„Bist du der Herbst?“, fragen die Kinder das Spinnennetz.
„Nein, ich will ihn einfangen, aber er entwischt mir immer wieder.“

„Bist du der Herbst?“, fragen die Kinder den Wind.
„Nein, ich bin nur seine laute Stimme.“

Kurt Meiers

- Was bedeutet für dich Herbst?
- Lest den Text mit verteilten Rollen.
- Wen fragen die Kinder?
  Schreibe die Nomen mit Artikel aus dem Text.
- Schreibe weitere Nomen zum Herbst auf.

So ein dicker Nebel

Peter kann die Häuser auf der anderen
Straßenseite nicht sehen.
Im Nebel sieht alles ganz anders aus, denkt er.
Da kommt ihm ein unheimlicher Hund entgegen.
Peter erschrickt.
Aber es ist nur Richters Hund,
der Peter begrüßen will.
Nun tauchen zwei glühende Augen auf.
Wie sie näher kommen, sieht er,
dass es Schultes Bäckerwagen ist.
Herr Schulte fährt heute
sehr langsam und vorsichtig.
Als Peter zur Schule kommt,
da huschen von allen Seiten Kinder herbei.
Wenn es in der Pause auch so neblig ist,
denkt Peter, können wir fein Fangen spielen.

Josef Schölling

- Warum kann man bei Nebel gut Fangen spielen?
- Welche Farbe muss deine Kleidung haben, damit man dich bei Nebel oder Dunkelheit besser sieht?

Äpfel im Herbst

Im Herbst reifen die Äpfel. Sie sind sehr gesund.
Wir können aus Äpfeln viel herstellen.

Getrocknete Apfelchips

Rezept
- im Backofen vortrocknen lassen
- Kerngehäuse ausstechen
- Apfelscheiben auf ein Backrost legen
- Äpfel schälen, in Scheiben schneiden
- an Fäden aufhängen, fertig trocknen lassen

● Schreibe das Rezept geordnet auf. Die Bilder helfen dir.

Winter

Im Advent

Einen glänzenden Stern
aus Silberpapier
fand ich heut' Morgen
vor unserer Tür.
Er lag auf der Treppe,
ein bisschen versteckt,
hab' ihn beim Brötchenholen
entdeckt.
Bestimmt verlor ihn
der Nikolaus.
Es knisterte
heute Nacht so im Haus.

Lisa-Marie Blum

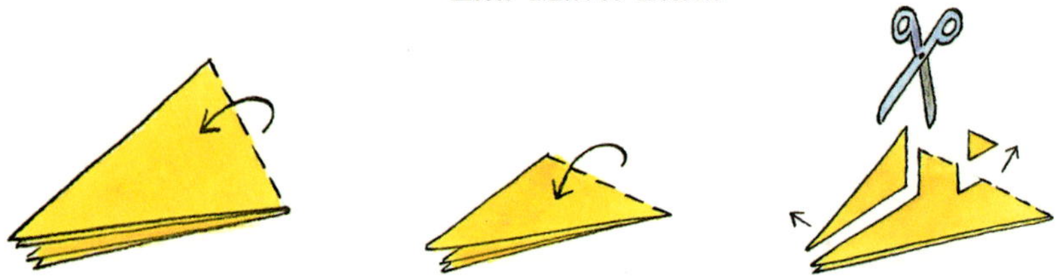

● Du kannst ein Schmuckblatt gestalten.

So kannst du einen Text anordnen:

1. Schreibe den Text auf ein Blatt.
2. Schneide Streifen, wie die Zeilen im Text.
3. Lege diese nun so auf,
   wie du das Gedicht anordnen willst.
4. Setze am Anfang des Streifens einen Punkt.
5. Übertrage nun den Text.

Wie's im ganzen Hause duftet!

Wie's im ganzen Hause duftet!
In der Küche wird geschuftet.
Jeder rackert, wie er's mag,
heut' ist unser Plätzchentag.

Heute backt die Großfamilie:
Oma, Mutter, Klaus, Ottilie.
Dabei sieht das ganze Haus
wie ein Riesenbackplatz aus.

Schütteln, rühren, kneten, packen,
stechen, streichen, legen, backen.
Aus dem Herde dringt ein Duft:
allerbeste Weihnachtsluft.

Manches Plätzchen rasch verschwindet,
das man nie mehr wiederfindet,
nach dem alten Weihnachtsbrauch:
zwei gebacken – eins im Bauch.

Ortfried Pörsel

- Welche Weihnachtsplätzchen isst du am liebsten?
- Welche Verben des Gedichtes passen zum Backen?
  Schreibe die Verben heraus.
- Was kannst du in der Adventszeit noch alles tun?

Guck mal, Madita, es schneit!

Heute schläft ganz Birkenlund etwas länger als sonst.
Denn es ist Sonntag und ein dunkler Wintermorgen.
Wer möchte da nicht schlafen?
Aber gerade jetzt wachen alle der Reihe nach auf.
Gosan und Sasso in der Küche,
Alva in der Mädchenkammer,
Mama und Papa in ihrem Schlafzimmer
und Lisabet in ihrem Zimmer.
Ja natürlich ist es auch Maditas Zimmer,
aber Madita schläft und will nicht aufwachen.
Lisabet weiß, wie sie Leben in Madita kriegt.
Sie lässt das Rollo mit einem Knall hochsausen,
und in der nächsten Sekunde schreit sie:
„Guck mal, Madita, es schneit!“
Da springt Madita schnell aus dem Bett.
Der erste Schnee ist ja etwas Besonderes
und Wunderbares.
„Ich mag diesen lieber
als all den anderen blöden Schnee“, sagt Madita.
So ungerecht ist Lisabet nicht.
„Ich mag aber allen Schnee
auf der ganzen, ganzen Welt“, behauptet sie.
Darüber lacht Madita.
„Was willst du denn mit all dem Schnee
auf der ganzen Welt?
Ich finde, unser Schnee hier reicht schon.“
Ja, und ob der reicht!
Und jetzt fällt er dicht über ganz Birkenlund.
Die Birken rund ums Haus
werden so weiß und schön,
und Madita und Lisabet
werden so ausgelassen und wild.

Den ganzen Tag lang haben sie Spaß in ihrem Schnee.
Sie rollen sich darin herum,
sie bauen einen Schneemann
und eine Schneelaterne,
und dann rollen sie sich wieder im Schnee.
Das macht Sasso auch.
Er bellt und freut sich.
Gosan guckt durchs Küchenfenster und glaubt,
dass Sasso verrückt geworden ist.
Gosan macht sich nichts aus Schnee.
Aber Papa!
Plötzlich kommt er herausgestürzt
und will mitmachen.
„Jetzt zeig ich euch mal,
dass ich die Nase vom Schneemann
mit diesem Schneeball hier treffen kann", sagt er.
Und das kann er tatsächlich.
„Aber jetzt zeig ich dir, dass ich deine Nase
mit diesem Schneeball treffen kann", sagt Madita.
Und dann gibt es eine Schneeballschlacht!
Papa kämpft so wild,
dass er schließlich in eine Schneewehe fällt.
Da muss er laut lachen
und will nicht weitermachen.
Am Küchenfenster steht Mama und guckt zu.
Sie glaubt, dass Papa verrückt geworden ist.
Sie macht sich auch nichts aus Schnee,
genau wie Gosan.

Astrid Lindgren

- Wie weckt Lisabet Madita?
- Wer ist Sasso?
- Warum gibt es eine Schneeballschlacht?
- Was machst du im Winter gern?

Es klopft bei Wanja in der Nacht

Weit fort in einem kalten Land
steht Wanjas Haus am Waldesrand.
In langen Zapfen hängt das Eis
und ringsumher ist alles weiß.
Da ist bei Sturm in finstrer Nacht
der Wanja plötzlich aufgewacht.
„Was höre ich da tocken?“,
so fragt er sich erschrocken.

Wer ist’s, wer klopft da an sein Haus?
Ein Hase hockt im Schneesturm drauß’.
Der schreit und jammert kläglich:
„Ich friere so unsäglich.“
Der Wanja sagt: „Komm nur herein,
ich heize gleich im Ofen ein.“...
Das Feuer zischt und prasselt laut, ...
Der Has’ streckt sich behaglich aus.
Bald wird es still im kleinen Haus.
Auch Wanja deckt sich wieder zu:
„Gut’ Nacht und angenehme Ruh!“

Doch kaum sind beide eingeschlummert,
klopfen ein Fuchs und später noch ein Bär an die Tür.

Da schreit der Hase: „Nein, o nein,
lass bloß die beiden nicht herein!
Der Fuchs ist drauf versessen,
uns Hasen aufzufressen.“

Die Tiere aber versprechen,
keinem etwas zuleide zu tun,
und so dürfen sie
in Wanjas Hütte übernachten.
Alle strecken sich behaglich aus.

Bald wird es still im kleinen Haus.
Auch Wanja deckt sich wieder zu:
„Gut' Nacht und angenehme Ruh!"

Der Schneesturm unterdessen
tobt weiter wie besessen.
Er reißt die stärksten Bäume aus
und rüttelt an dem kleinen Haus.
Doch drinnen schlafen wohlgeborgen
Fuchs, Bär und Hase bis zum Morgen.

Als am nächsten Tag die Sonne aufgeht, ist die Not der Tiere vorüber. Sie laufen wieder hinaus in den Wald – jedes in eine andere Richtung, der Bär erwacht als Letzter.

„Verflixt, das ist ein Jägerhaus!
Ganz heimlich schleiche ich mich 'raus.
Die Sonne steht schon überm Wald.
Heut' wird's bestimmt nicht mehr so kalt."
Er tappt, so leise er vermag,
hinaus in einen neuen Tag.

Der Wanja – noch vom Schlaf umfangen –
begreift nicht, was hier vorgegangen.
Er blickt umher im leeren Raum.
War denn alles nur ein Traum?

Der Wanja schaut und nickt und lacht:
„Wir haben wirklich diese Nacht
gemeinsam friedlich zugebracht. –
Was so ein Schneesturm alles macht!"

Tilde Michels

- Warum haben sich die Tiere in dieser Nacht friedlich verhalten?
- Spielt das Stück mit verteilten Rollen.

Ich male mir den Winter

Ich male ein Bild,
ein schönes Bild,
ich male mir den Winter.
Weiß ist das Land,
schwarz ist der Baum,
grau ist der Himmel dahinter.

Sonst ist da nichts,
da ist nirgends was,
da ist weit und breit nichts zu sehen.
Nur auf dem Baum,
auf dem schwarzen Baum
hocken zwei schwarze Krähen.

Aber die Krähen,
was tun die zwei,
was tun die zwei auf den Zweigen?
Sie sitzen dort
und fliegen nicht fort.
Sie frieren nur und schweigen.

Wer mein Bild besieht,
wie's da Winter ist,
wird den Winter durch und durch spüren.
Der zieht einen dicken Pullover an
vor lauter Zittern und Frieren.

Josef Guggenmos

Fasching, Fasnacht, verrückte Zeit

Fasching, Fasnacht, verrückte Zeit,
im Kopf durcheinander sind alle Leut.
Am lumpigen Donnerstag
gehn wir in Fetzen ganz wild,
am rußigen Freitag
sind wir mit Krapfen gefüllt,
am unsinnigen Samstag
sind wir maskiert und toben,
am verrückten Sonntag
ist die Stimmung ganz oben,
am Rosenmontag
dreh'n wir auf wie toll,
am Faschingsdienstag
sind wir kaputt und voll,
bombensatt vom Tanzen,
heiser vom Schrein,
der Fasching kann jetzt zu Ende sein,
Fasnacht, Fasching, närrische Zeit
vor Blödsinn kringeln sich alle Leut'.

Alfons Schweiggert

- Wie heißt bei euch das Fest, an dem ihr euch verkleidet?
- Wie verkleidest du dich? Male ein Bild.

Frühling

Aufruhr im Gemüsebeet

Es war ein schöner Frühlingsmorgen. In allen Büschen sangen die Vögel, Blätter und Gras wuchsen und kleine Tiere flogen und krabbelten und arbeiteten überall herum. Die ganze Luft war von einem schwach surrenden Geraschel erfüllt, singendes Sausen von all dem Leben, das nach dem Winter erwacht war.

Der alte Pettersson stand im Gemüsegarten und schaute sich um und prüfte die Erde.

„Jetzt ist es so weit“, sagte er.

„Heute können wir Gemüse säen und Kartoffeln setzen.“

Kater Findus flitzte herum und erschreckte die Käfer.

„Was heißt das, setzen?“, fragt er.

„In die Erde stecken. Wenn wir Mohrrübensamen in die Erde säen, wachsen dort Mohrrüben. Und aus jeder Kartoffel, die wir in die Erde legen, werden fünf bis zehn neue Kartoffeln.“

Der Kater sah den Alten streng an.

„Aber ich mag keine fünf bis zehn neue Kartoffeln und Mohrrüben auch nicht. Können wir nicht lieber Fleischklößchen pflanzen?“

„In die Erde stecken können wir sie immer. Aber sie werden nicht wachsen“, sagte Pettersson.

„Man kann’s ja mal versuchen“, sagte Findus ...

Der Kater pflanzte sein Fleischklößchen. Von Zeit zu Zeit lief er hin um nachzusehen, ob es schon gewachsen war.

Sven Nordqvist

- Was wird mit dem Fleischklößchen passieren?
- Was kann man im Frühjahr pflanzen und säen?

Der Hase mit der roten Nase

Es war einmal ein Hase
mit einer roten Nase
und einem blauen Ohr.
Das kommt ganz selten vor.

Die Tiere wunderten sich sehr:
Wo kam denn dieser Hase her?

Er hat im Gras gesessen
und still den Klee gefressen.

Und als der Fuchs vorbeigerannt,
hat er den Hasen nicht erkannt.

Da freute sich der Hase.
„Wie schön ist meine Nase
und auch mein blaues Ohr,
das kommt so selten vor.“

Helme Heine

April, April!

Am Nachmittag, als wir unsere Schulaufgaben gemacht hatten, lief Lasse zum Südhof und sagte zu Ole: „Ole, ein Lumpensammler ist in den Nordhof gekommen. Er kauft Steine auf.“
„Steine kauft er?“, fragte Ole, der ganz vergessen hatte, dass erster April war. „Was denn für Steine?“
„Na, solche Steine, wie ihr sie hier im Garten habt“, sagte Lasse. Und Ole fing an, so viele Steine, wie er konnte, in einen Sack zu sammeln. Und dann hastete er mit dem vollen Sack zum Nordhof. Dort war wirklich ein Mann, aber der kaufte nur Lumpen und Flaschen.
„Bitte, hier haben Sie noch meine Steine“, sagte Ole. Er schleppte dem Mann den Sack entgegen und sah ganz verzückt aus.
„Steine?“, fragte der Mann und begriff nicht. „Sagtest du Steine?“
„Und ob“, sagte Ole und sah noch verzückter aus.
„Richtige, prima Feldsteine sind es. Ich habe sie selbst in unserem Garten aufgesammelt.“
„Ach so“, sagte der Mann, „da haben sie dich aber schön angeführt, mein kleiner Freund.“
Da erinnerte sich Ole, dass ja erster April war.
Sein Gesicht lief rot an und er nahm den Sack über die Schulter und zog damit wieder nach Hause ohne ein Wort zu sagen.
Aber hinter dem Zaun stand Lasse und schrie laut: **„April, April!“**

Astrid Lindgren

- Wurdest du schon einmal am ersten April hereingelegt?
- Fällt dir ein lustiger Aprilscherz ein?

Auf der Wiese

Im Frühling wird die Wiese wieder grün. Die Knospen vom Löwenzahn entfalten sich. Die runde Blüte mit den vielen Blütenblättern bricht auf. Das leuchtende Gelb und der Duft ziehen Bienen und Hummeln an. Sie holen den süßen Nektar aus den Blüten. Jeden Abend schließt sich die Blüte. Irgendwann bleibt sie ganz geschlossen und die Samen reifen heran. Aus der Blüte wird die Pusteblume. Die federleichten Samen werden vom Wind davongetragen. Aus ihnen werden neue Löwenzahnpflanzen.

- Beantworte die Fragen:
  - Was zieht Bienen und Hummeln an?
  - Was geschieht abends mit der Blüte?
  - Was passiert mit den Samen?
- Schreibe die Fragen und deine Antworten auf. Antworte im Satz.

Zum Muttertag

Die Klasse 2 a hat Muttertagselfchen geschrieben.

- Dichte ein eigenes Muttertagselfchen.

Sommer

Was im Sommer Spaß macht

Hast du schon mal nachgedacht,
was im Sommer Freude macht?
Schau dich um, schau dich um,
überall und rundherum.
In der grünen Wiese liegen,
auf dem Wasser Surfen üben,
eine große Sandburg bauen,
in die weißen Wolken schauen.

Würstchen und Kartoffeln grillen,
Federball und Fußball spielen,
Himbeereis mit Sahne schlecken,
Kopfsprung in das Wasserbecken.
Kirschen, Äpfel, Beeren pflücken,
warme Sonne auf den Rücken,
warme Sonne auf den Bauch,
spritzen mit dem Gartenschlauch.

Ferien auf dem Land erleben,
Schweinen morgens Futter geben,
Traktor fahren, Pony reiten,
Kühe auf die Weide treiben.
Weißt du was, weißt du was,
das macht im Sommer Spaß.

Rosemarie Künzler-Behncke

- Was machst du im Sommer gern?
- Finde die Reimwörter im Gedicht. Schreibe sie auf.
- Schreibe eine Sommergeschichte.
  Verwende folgende Wörter:

Sonne	Schwimmbad	tauchen

Ferien zu Hause

In der Klasse 2 a erzählen die Kinder von den Ferien. Stefanie war in Spanien und konnte im Meer schwimmen. Olivia war mit ihren Eltern in England. Tom war in Italien. Dort gab es immer sein Lieblingsessen: Spagetti mit Tomatensoße.

Nun soll Malte erzählen, wo er war. Er wird ganz rot. Dann sagt er: „Weil meine Eltern arbeiten mussten, konnten wir nicht verreisen. Ich war nur bei meinen Großeltern.“ „War das nicht langweilig?“, fragt Mona.

Malte überlegt und sagt: „Eigentlich nicht. Opa und ich haben im Garten ein Zelt aufgebaut. In dem haben wir zwei Nächte geschlafen. Das war total unheimlich. Einmal habe ich mit Oma Pilze gesucht. Das war toll. Opa zeigte mir, wie man aus Rinde Boote schnitzt. Die sind richtig geschwommen. Am tollsten war unsere Lesenacht. Jeff und Nico durften bei mir schlafen. Sie haben ihre Lieblingsbücher mitgebracht. Zuerst haben meine Großeltern vorgelesen, dann durften wir so lange lesen, wie wir wollten.

Die Kinder schauen Malte an. Dann sagt Tom nachdenklich: „Ich glaube, Malte hatte spannendere Ferien als ich.“

Ute Schimmler/Sabine Trautmann

- Warum meint Tom, dass Malte spannendere Ferien hatte?
- Was kannst du in den Ferien zu Hause machen?
- Ihr könnt eure Vorschläge zu einem Plakat zusammenstellen.

Wörter nach dem Abc ordnen

Wörter kann man ordnen, indem man sie nach den Anfangsbuchstaben von A bis Z sortiert.

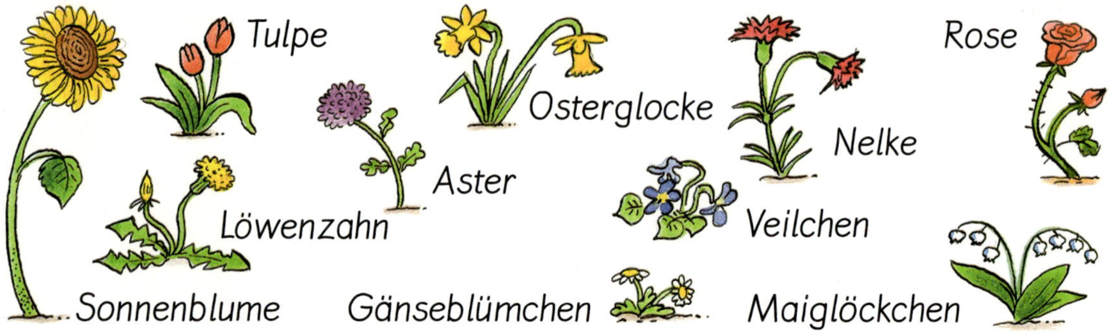

❶ Schreibe die Blumennamen nach dem Abc geordnet auf.

Ist der erste Buchstabe bei verschiedenen Wörtern gleich, ordnet man nach dem zweiten Buchstaben.

❷ Schreibe die Wörter nach dem Abc geordnet auf.

Sind der erste und der zweite Buchstabe bei verschiedenen Wörtern gleich, ordnet man nach dem dritten Buchstaben.

Fliege | Flamingo | Fledermaus | Flusspferd | Floh

❸ Schreibe die Tiernamen nach dem Abc geordnet auf.

Abschreiben – Partnerdiktat

So übst du das Abschreiben:
1. Lies den Text.
2. Lies eine kurze Wortgruppe.
3. Decke sie zu und schreibe sie auf.
4. Vergleiche. Hast du alles richtig?

Großmutter näht für Anna ein Kleid.

Sie sitzt an der Nähmaschine. Anna ist glücklich.

Sie hat am Dienstag Geburtstag.

Dann wird sie das neue Kleid anziehen.

1 Schreibe die Geschichte ab.
Achte besonders auf die schwierigen Wörter in den Kästchen.

So schreibst du ein Partnerdiktat:
1. Lies den ganzen Text vor.
2. Diktiere den Text in kleinen Wortgruppen.
3. Diktiere auch die Satzzeichen.
4. Vergleicht das Diktat gemeinsam.
5. Tauscht nun die Rollen.

Hallo Ahmet,
ich lade dich zu meinem Geburtstag ein.
Meine Großmutter näht mir ein neues Kleid.
Du kannst es am Dienstag sehen.
Ich bin glücklich.
Deine Anna

2 Diktiere Annas Brief als Partnerdiktat.

Nomen (Namenwörter)

Menschen, Tiere, Pflanzen und Dinge haben Namen.
Sie werden Nomen (Namenwörter) genannt.
Nomen werden immer großgeschrieben.

1. Schreibe die Texte ab. Unterstreiche alle Nomen.

Vor Nomen stehen oft Artikel (Begleiter).
Es gibt bestimmte Artikel: **der**, **die**, **das**,
und unbestimmte Artikel: **ein**, **eine**.

2. Schreibe nun die Nomen mit den bestimmten und unbestimmten Artikeln auf.
Trage sie so in eine Tabelle ein.

der / ein	*die / eine*	*das / ein*
der Strand – ein Strand	*die … – eine …*	

Nomen können in der Einzahl oder in der Mehrzahl stehen:
der Hund – die Hunde, eine Katze – viele Katzen.

❶ Bilde die Mehrzahl der Nomen.
Benutze die unbestimmten Artikel.
Schreibe so:
eine Giraffe – viele Giraffen,
ein Elefant - viele …

Nomen kann man zusammensetzen.
So kann man Dinge genauer beschreiben:
die Blume, der Topf: der Blumentopf.

❷ Bilde zusammengesetzte Nomen.
Schreibe so: *der Apfel, der Baum: der Apfelbaum, …*

Verben (Tunwörter/Tuwörter)

Verben (Tunwörter/Tuwörter) sagen uns, was Menschen, Tiere, Pflanzen und Dinge tun. Sie werden kleingeschrieben.

klettern	springen	rutschen	wachsen	schaukeln	singen

❶ Bilde Sätze.

❷ Unterstreiche die Verben.

Verben haben in der Grundform meistens die Endung **-en** und manchmal die Endung **-eln** oder **-ern**.

du gehst	er läuft	sie spricht	es donnert	sie sucht
er rechnet	du weinst	ihr füttert	er trampelt	es regnet

❸ Bilde die Grundformen.
Schreibe so: *du gehst – gehen, …*

Verben können ihre Form verändern.
Dann haben sie oft verschiedene Endungen.
Die Endung hängt davon ab, wer etwas tut (Personalform).

ich schreib**e**
du schreib**st**
wir schreib**en**

Was gleich bleibt, nennt man Wortstamm.

1. Zeichne die Tabelle in dein Heft.
Bilde zu den Verben die Personalformen.
Unterstreiche die Endungen farbig.

Grundform	*ich*	*du*	*wir*
sitzen	*ich sitze*	*du …*	*wir …*
schlafen			
fahren			
essen			

Zu einem Wortfeld gehören Wörter mit ähnlicher Bedeutung.
Mit ihnen kann man sich genauer ausdrücken.

fragen – erzählen – rufen — sprechen — flüstern – erklären – meinen

2. Erkläre die verschiedenen Bedeutungen dieser Verben.

Frau Struck, die Lehrerin ___ von der Klassenfahrt.
Petra versteht sie nicht genau.
Deshalb ___ sie ihrer Nachbarin zu: „Ich weiß nicht, was sie meint."
Da ___ Frau Struck: „Petra, kann ich dir helfen?"
„Die versteht doch nie etwas!", ___ Daniel in die Klasse.

3. Schreibe den Text mit den passenden Verben auf.

Adjektive (Wiewörter)

Adjektive (Wiewörter) beschreiben,
wie Menschen, Tiere, Pflanzen und Dinge sind.
Sie werden kleingeschrieben.

1. In diesen Abzählreimen stehen viele gegenteilige Adjektive.
Schreibe so: *alt – neu, warm – …*

Wenn ein Adjektiv vor einem Nomen steht,
verändert es sich immer: bunt – der bunt**e** Ball.

– Ein Frosch kann weit springen, weil er ____ Hinterbeine hat.
– Der Igel wehrt sich mit seinen ____ Stacheln.
– Unsere Katze hat ein ganz ____ Fell.
– Der Adler ist ein besonders ____ Flieger.
– Unser Nachbar besitzt ein ____ Kaninchen.
– Rehe sind sehr ____ Waldtiere.

weich	spitz	scheu	niedlich	lang	gut

2. Schreibe den Text mit den passenden Adjektiven auf.
Markiere die Endungen.

Satzarten – Satzzeichen

Alle Satzanfänge schreibt man groß.
Aussagesätze enden mit einem Punkt.

Es wird Herbst die Äpfel müssen gepflückt werden Herr Schumann holt eine Leiter vorsichtig klettert er hinauf den Korb hängt er an einen Zweig er legt die Äpfel hinein schon jetzt freut er sich auf die leckeren Bratäpfel im Winter

1 Schreibe den Text richtig auf.

2 Unterstreiche die Punkte und Satzanfänge.

Viele Fragesätze beginnen mit Fragewörtern: wer/wie/warum/wo.
Am Ende eines Fragesatzes steht ein Fragezeichen.

- ___ ist mein Fahrrad ___
- ___ ruft denn endlich die Polizei ___
- ___ hilft mir denn niemand ___
- ___ komme ich jetzt zurück nach Hause ___

3 Schreibe die Fragen vollständig auf.

Sätze, die wir rufen, sind Ausrufesätze. Sätze, die sagen, was einer tun soll, nennt man Aufforderungssätze.
Nach beiden Sätzen steht ein Ausrufezeichen.

Petra erzählt ganz aufgeregt:
Meine Eltern waren nicht zu Hause plötzlich knarrte eine Tür Hilfe, ein Gespenst das sah so unheimlich aus was sollte ich tun wer konnte mir helfen da wachte ich auf

4 Schreibe die Sätze mit den richtigen Satzzeichen auf.

Vokale (Selbstlaute) und Konsonanten (Mitlaute)

Vokale (Selbstlaute) klingen von selbst: **a**, **e**, **i**, **o**, **u**.
Alle anderen Buchstaben heißen Konsonanten (Mitlaute).

Dieses Nomen hat viele Vokale:

A P R I K O S E N M A R M E L A D E

1. Schreibe es genauso ab.
2. Kreise alle Vokale farbig ein.

Noch mehr Nomen mit vielen Vokalen:

Tomatensalat	Ananasdose	Limonadenflasche
Bananentorte	Salamipizza	Marmeladenbrot

3. Schreibe die Nomen ab. Kreise alle Vokale ein.

B_rn_   _r_ng_   M_l_n_   Z_tr_n_   K_w_

4. Schreibe die Nomen mit den richtigen Vokalen auf.

Schalter	Wand	Mond	Rind	Hose	Hahn
u	i	u	a	a	u

5. Schreibe die Wortpaare so auf:
   der Schalter – die Schulter, …
6. Kreise die getauschten Vokale ein.

Umlaute

Die Endsilben **-chen** und **-lein** verkleinern Nomen.
Aus den Vokalen a, o, u wird dabei meist ein Umlaut:
die Lampe – das Lämpchen.

1. Schreibe die Nomen und ihre Verkleinerungen so auf:
   die Stunde – das Stündchen, …
2. Was fällt dir an den Artikeln auf?
3. Unterstreiche die Vokale und die entstandenen Umlaute.

Auch wenn man ein Nomen in die Mehrzahl setzt, wird aus den Vokalen a, o, u meist ein Umlaut: der St**a**ll – die St**ä**lle.

Nächte | Löcher | Länder | Tücher | Grüße
Stöcke | Köpfe | Nähte | Strände

4. Bilde zu den Nomen die Einzahl.
   Schreibe so: *die Nächte – die Nacht, …*

Doppelkonsonanten

Wird ein Vokal kurz gesprochen, so wird der nachfolgende Konsonant oft verdoppelt.

Anna kommt aus der Schule.
Sie rennt die Treppe hoch.
Dann nimmt sie ihren Schlüssel.
Zuerst geht sie in ihr Zimmer.
Dort wartet ihr Wellensittich Willy.

1 Schreibe den Text ab.
Schreibe alle Wörter mit doppelten Konsonanten heraus.
Markiere den kurz gesprochenen Vokal mit einem Punkt.

nennt	Billy	wann	immer	stimmt	Rüssel

2 Suche die fünf Wörter im Text, die sich dazu reimen.
Schreibe so: *nẹnnt – rẹnnt, …*

Wörter mit Doppelkonsonanten werden meist zwischen diesen getrennt: sol – len, kön – nen.

Heute scheint keine Sonne.
Trotzdem wollen Jenny und Hanna schwimmen gehen.
Ihre Mutter fährt sie zum Hallenbad.
Plötzlich ruft Hanna: „Wir haben die Badeanzüge vergessen!
Wir können nicht ins Wasser!“

3 Schreibe die Wörter mit doppelten Konsonanten heraus und trenne sie: *die Sonne – die Son – ne, …*

Vorsilben und Endsilben

Fast alle Verben können verschiedene Vorsilben haben:
ausrechnen – **vor**rechen – **nach**rechnen.

auf	*lesen*
ein	*laufen*
ab	*hängen*
aus	*sagen*
vor	*schreiben*

❶ Bilde sinnvolle Verben. Unterstreiche die Vorsilben.

Manchmal wird die Vorsilbe im Satz nach hinten gestellt.

- Hans ___ das Gedicht von der Tafel ___ .
- Mutter ___ das Kleid sofort ___ .
- Endlich ___ Tina den Fernseher ___ .

abschreiben | auswaschen | ausschalten

❷ Schreibe die Sätze mit den eingesetzten Verben auf.

Nomen können die Endsilben **-chen** und **-lein** haben:
das Kleid – das Klei**dchen**, das Kind – das Kind**lein**.

Vater | Mutter | Esel | Frosch | Blatt | Schwein

-chen | -lein

❸ Bilde Nomen mit den Endsilben.
Schreibe so: *der Vater – das Väterchen, …*

Wörterliste

A

abfahren
absagen
abschreiben
abwaschen
alle
allein (sein)
alt
am
anfangen
angeln
der Apfel, die Äpfel
arbeiten
arm
der Arzt, die Ärztin
auch
auf
aufeinander
aufpassen
aufstehen
das Auge, die Augen
ausruhen
aussehen
das Auto, die Autos

B

bald
der Ball, die Bälle
das Band, die Bänder
die Bank, die Bänke
der Baum, die Bäume
der Becher, die Becher
bekannt
benutzen
das Bett, die Betten
das Bild, die Bilder
das Blatt, die Blätter
blau
die Blume, die Blumen
böse
braun
breit
die Brezel, die Brezeln
der Brief, die Briefe
das Brot, die Brote
der Bruder, die Brüder
der Brunnen, die Brunnen
das Buch, die Bücher
die Bücherei
bunt

C

der Computer, die Computer
der Cousin
die Cousine

D

das Dach, die Dächer
damit
dann
darf
das
decken
dem
denken
denn

der
deutsch
dicht
dick
die
der Dienstag
diese
das Diktat, die Diktate
das Ding, die Dinge
der Donnerstag
das Dorf, die Dörfer
drei
dreizehn
der Duft, die Düfte
dünn
dürfen

E

eckig
das Eichhörnchen, die Eichhörnchen
der Eimer, die Eimer
ein
das Eis
der Elefant, die Elefanten
die Eltern
eng
England
englisch
entdecken
er
die Erde
erkennen
erschrecken
erzählen
der Esel, die Esel
essen
etwas

F

fahren
das Fahrrad, die Fahrräder
die Fahrt, die Fahrten
fallen
die Familie, die Familien
fangen
fast
faul
der Februar
die Fee, die Feen
der Fehler, die Fehler
das Fenster, die Fenster
die Ferien
das Fernsehen
das Feuer, die Feuer
die Figur, die Figuren
der Film, die Filme
finden
der Finger, die Finger
der Fisch, die Fische
flach
die Flasche, die Flaschen
fleißig
fliegen
fließen
das Floß, die Floße
der Fluss, die Flüsse
fragen
die Frau, die Frauen
der Freitag

freuen
der Freund, die Freunde
die Freundin, die Freundinnen
freundlich
der Frosch, die Frösche
früh
frühstücken
fünf
für
der Fuß, die Füße
der Fußball, die Fußbälle
das Futter
füttern

G

die Gabel, die Gabeln
ganz
geben
der Geburtstag, die Geburtstage
gehen
gelb
gern
das Geschenk, die Geschenke
das Gespenst, die Gespenster
gesund
gibt, er gibt
das Glas, die Gläser
glatt
das Glück
graben
grau
groß
die Großmutter, die Großmütter
der Großvater, die Großväter
gut

H

das Haar, die Haare
haben
hacken
der Hahn, die Hähne
die Hand, die Hände
der Hase, die Hasen
hässlich
hat, er hat
das Haus, die Häuser
heiraten
heiß
die Hexe, die Hexen
der Himmel, die Himmel
hinauf
hinter
der Hof, die Höfe
hoffen
hoffentlich
holen
das Holz, die Hölzer
das Huhn, die Hühner
die Hummel, die Hummeln
der Hund, die Hunde
hundert
der Hut, die Hüte

I

der Igel, die Igel
ihn
ihr
ihre
im
immer
in

die Insel, die Inseln
das Internet
der Irrgarten, die Irrgärten
isst, er isst

J

jung
der Junge, die Jungen

K

kalt
kann
die Kanne, die Kannen
die Katze, die Katzen
kaufen
der Keks, die Kekse
das Kind, die Kinder
die Kirche, die Kirchen
die Klasse, die Klassen
das Klee
das Kleid, die Kleider
klein
der Koch, die Köchin
kommen
können
der Kopf, die Köpfe
krank
die Krone, die Kronen
die Kuh, die Kühe
der Kuchen, die Kuchen
kurz

L

lachen
das Lager, die Lager
lang
langsam
lassen
laufen
leben
legen
die Lehrerin, die Lehrerinnen
leicht
lernen
lesen
die Leute
das Licht, die Lichter
lieben
das Lied, die Lieder
liegen
liest, er liest
die Linde, die Linden
der Löffel, die Löffel
lustig

M

machen
das Mädchen, die Mädchen
mag, ich mag
die Mama
manchmal
die Mappe, die Mappen
das Märchen, die Märchen
die Matte, die Matten
die Maus, die Mäuse
das Meer, die Meere
die Medizin

mehr
mehrere
mein
der Mensch, die Menschen
das Messer, die Messer
mir
mit
der Mittwoch
möchte, ich möchte
mögen
die Möhre, die Möhren
der Mond, die Monde
der Montag
müde
der Mund, die Münder
die Musik
muss, ich muss
müssen
mutig
die Mutter, die Mütter
die Mütze, die Mützen

N

nach
der Nachmittag,
die Nachmittage
die Nacht, die Nächte
nähen
die Nase, die Nasen
neben
nehmen
nicht
nimmt, er nimmt
noch
die Nuss, die Nüsse

O

oder
Ofen
offen
oft
die Oma, die Omas
der Onkel, die Onkel
der Opa, die Opas
ordentlich

P

der Papa
die Pappe, die Pappen
passen
die Pause, die Pausen
der Pfadfinder, die Pfadfinder
das Plakat, die Plakate
der Platz, die Plätze
plötzlich
der Polizist, die Polizistin
das Pony, die Ponys
die Post
der Preis, die Preise
der Pullover, die Pullover
die Puppe, die Puppen
putzig

Q

quadratisch
quaken
die Qualle, die Quallen
quer
quieken

R

das Radio, die Radios
raten
die Ratte, die Ratten
rau
der Raum, die Räume
rechnen
rechts
reden
reisen
rennen
richtig
die Richtung, die Richtungen
riechen
der Riese, die Riesen
der Ritter, die Ritter
der Rock, die Röcke
die Rolle, die Rollen
der Roller, die Roller
rot
rufen
rund
der Rüssel, die Rüssel

S

sagen
sammeln
der Samstag
sauer
der Schatz, die Schätze
schauen
schenken
schlafen
schließen
der Schlitten, die Schlitten
der Schluss, die Schlüsse
schmal
schmecken
schmutzig
der Schnabel, die Schnäbel
der Schnee
der Schneider, die Schneiderin
schnell
schnitzen
schon
schön
schreiben
die Schule, die Schulen
die Schüssel, die Schüsseln
schwach
schwarz
schwer
die Schwester, die Schwestern
schwimmen
der See, die Seen
sehen
sein
seine
setzen
sie
sieben
siegen
sieht, sie sieht
sind, wir sind
singen
sitzen
das Skelett, die Skelette
sogar
sollen
der Sonntag

der Spaß, die Späße
spät
Spiegel
spielen
der Sport
sprechen
spricht, er spricht
springen
spuken
die Stadt, die Städte
stand, es stand
stark
stehen
steil
der Stein, die Steine
stellen
der Stern, die Sterne
der Stiefel, die Stiefel
der Stock, die Stöcke
stolpern
der Storch, die Störche
die Straße, die Straßen
streicheln
streiten
der Strumpf, die Strümpfe
der Stuhl, die Stühle
der Sturm, die Stürme
suchen
die Suppe, die Suppen
süß

T

der Tag, die Tage
täglich
die Tante, die Tanten
der Tänzer, die Tänzerin
die Tasche, die Taschen
die Tasse, die Tassen
das Taxi
der Tee
der Teddy, die Teddys
der Teller, die Teller
der Text, die Texte
das Tier, die Tiere
der Tierpfleger, die Tierpflegerin
der Tisch, die Tische
toben
toll
tragen
der Traum, die Träume
träumen
treffen
treiben
trinken
der Turm, die Türme

U

üben
über
überall
das Ufer, die Ufer
die Uhr, die Uhren
und
unglücklich
unheimlich
unternehmen

V

der Vater, die Väter
der Verkäufer, die Verkäuferin

verständigen
verstecken
verstehen
versuchen
viel
viele
vielleicht
vier
der Vogel, die Vögel
von
vorbei
vorfahren
vorgehen
vormachen
vorsagen
vorschreiben

W

wach
warm
warum
was
waschen
das Wasser
die Watte
wehen
weich
weinen
weiß
weit
die Welle, die Wellen
die Welt, die Welten
wenden
wer
werden, wir werden
wie
die Wiese, die Wiesen
das Wiesel, die Wiesel
will, ich will
winken
winzig
wir
wird, er wird
wissen
wo
wohnen
die Wolke, die Wolken
die Wolle
wollen
das Wort, die Wörter
wünschen
der Wurm, die Würmer

Z

zählen
der Zahn, die Zähne
die Zeit, die Zeiten
die Zeitschrift, die Zeitschriften
die Zeitung, die Zeitungen
das Zelt, die Zelte
die Ziege, die Ziegen
das Zimmer, die Zimmer
die Zitrone, die Zitronen
zulassen
zur
zurufen
zusammen
der Zwerg, die Zwerge

Begriffe zum Nachschlagen

Alphabet Alle Buchstaben unserer Schrift nennen wir das Abc oder auch Alphabet. Der Name setzt sich zusammen aus Alpha und Beta. Das sind die ersten Buchstaben des griechischen Alphabets.

Ameisenbär Der Name „Ameisenbär“ bezieht sich auf die bevorzugte Nahrung des Tieres: Ameisen. Der Ameisenbär holt sie mit seiner langen, klebrigen Zunge aus den Ameisennestern heraus. Sein Körper kann bis zu 2 m lang werden. Das Fell ist struppig und braun, sein Kopf schmal mit einer langen Schnauze. Er lebt in Süd- und Mittelamerika.

Astern Astern werden auch Sternblumen genannt, da sie zahllose strahlenförmige Blütenblätter haben. Es gibt sehr viele unterschiedliche Arten, die in verschiedenen Farben bis zum Spätherbst blühen.

Autor/-in Autoren sind Personen, die sich einen Text ausdenken und schreiben. Wir nennen sie auch Schriftsteller/-innen.

Bienenstock Bienen leben in einem Bienenstock. In der Natur suchen sie sich hohle Baumstämme. Menschen halten Bienen in Holzkästen oder Körben.

Buchillustration Wer das Fach Buchillustration studiert, wird später Illustrator/-in. Illustratoren/-innen malen Bilder zu einem Buch. Besonders viele Illustrationen findest du in Bilderbüchern. Bilder können helfen einen Text besser zu verstehen.

Dinosaurierknochen Dinosaurier lebten lange, bevor es die ersten Menschen gab. Sie sind längst ausgestorben. Die Knochen dieser Tiere werden aber auch heute noch in der Erde gefunden.

Dip Ein Dip ist eine dickflüssige, kalte Soße, in die Gemüse, Brot u. Ä. eingetaucht wird. Er kann süß, sauer oder scharf schmecken.

Elefant Der Elefant ist das größte Säugetier, das an Land lebt. Er ist Pflanzenfresser. Es gibt zwei Arten:
- Den asiatischen Elefanten erkennt man an den kleinen Ohren.
- Der afrikanische Elefant hat große Ohren.

Figuren Das Wort „Figuren" hat verschiedene Bedeutungen. Figuren können Personen oder Gestalten in einem Buch, im Film oder Theater sein. Sie spielen in einer Geschichte mit.

Grütze Das Wort „Grütze" kommt aus dem Althochdeutschen und bedeutet eigentlich Grobgemahlenes. Früher aßen die Menschen oft Hafergrütze zu den Mahlzeiten.

Hauptstadt Die Hauptstadt eines Landes ist meistens die Stadt, in der die Regierung ihren Sitz hat. Sie ist nicht immer die größte Stadt. Die Hauptstadt von Deutschland ist Berlin.

Hörspiel Bei einem Hörspiel wird eine Geschichte nur mit Wörtern und Geräuschen erzählt. Die Bilder dazu entwickeln sich dann im Kopf des Zuhörers.
Mit der Erfindung des Radios entstanden die ersten Hörspiele. Heute kann man Hörspiele auch auf Kassette oder CD hören.

Internet Das Internet verbindet viele Computer auf der ganzen Welt wie ein Netz (englisch: net). Deshalb wird es manchmal auch nur „das Netz" genannt.
Im Netz können Informationen und Bilder an andere Computer gesendet werden.

Kaulquappen	Kaulquappen sind die Larven der Frösche. Aus ihnen entwickeln sich Frösche.
Knecht	Als Knecht bezeichnete man früher einen Mann, der auf einem Bauernhof bei der Arbeit half. Dafür konnte er dort wohnen und bekam Essen.
Komposthaufen	Komposthaufen stehen meist in Gärten. Dort werden Gartenabfälle und alle Küchenreste, die von Pflanzen stammen, gesammelt. Diese verrotten dann zu nährstoffreicher Erde (Kompost).
Krapfen	Der Krapfen ist ein rundes Gebäck, das in Fett ausgebacken wird. Er wird mit Puderzucker bestäubt und innen befindet sich Marmelade. Er wird auch „Berliner“ oder „Pfannkuchen“ genannt.
Limerick	Ein Limerick ist ein fünfzeiliges Gedicht mit wunderlich-komischem Inhalt. Es hat seinen Namen nach der irischen Stadt Limerick.
Lumpen	Als Lumpen bezeichnet man alte Kleidungsstücke oder Stoffreste. Aus Lumpen kann auch Papier hergestellt werden. Früher gab es Lumpensammler.
Nektar	Der Nektar ist eine zuckerhaltige Flüssigkeit, die von vielen Blüten abgegeben wird. Er befindet sich meist am Blütenboden. Er dient Bienen, Hummeln, Schmetterlingen und anderen Insekten als Nahrung. Wir stellen aus Nektar Honig her.
Porträt	Das Wort „Porträt“ kommt aus dem Französischen. Es ist ein anderes Wort für ein gemaltes oder fotografiertes Bild von einem Menschen.
Reisig	Unter Reisig versteht man dünne Zweige mit Rinde.

Residenz	Die Residenz ist der Sitz des Staatsoberhauptes, des Landesfürsten oder eines hohen geistlichen Würdenträgers.
Rückseiten-text	Der Rückseitentext steht auf der Rückseite eines Buches. Manchmal finden wir ihn auch auf der Umschlagsklappe, dann nennen wir ihn Klappentext. Der Text fasst den Inhalt des Buches kurz zusammen und soll neugierig machen das Buch zu lesen.
Schmalzbrot	Schmalz wird aus Schweinespeck hergestellt. Es ist ein Fett, das man als Brotaufstrich und zum Braten von Fleisch verwenden kann.
Schneewehe	Eine Schneewehe entsteht, wenn der Wind Schnee zu einem Hügel zusammenweht.
Wissen-schaftler/-in	Wissenschaftler/-innen sind Menschen, die Dinge erforschen und diese zu erklären versuchen.
Witwe	Man nennt eine Frau eine Witwe, wenn ihr Ehemann gestorben ist. Stirbt die Ehefrau, so nennt man den Mann Witwer.
Zaum	Der Zaum ist ein Riemen aus Leder, mit dem man Pferde, Esel oder Rinder führen und lenken kann. Das Zaumzeug besteht aus einem Kopf- und einem Gebissteil.
Zwetschen-bäume	Zwetschen gehören zur Familie der Pflaumen. Sie sind ein Steinobst. Die Früchte werden zwischen Juni und Oktober reif. In Norddeutschland sagt man Zwetschen, in Süddeutschland werden sie Zwetschgen genannt.

Übersicht über die Lernbereiche

Sprache untersuchen	Rechtschreiben	Mündlicher und schriftlicher Sprachgebrauch / Lesen	Lernwörter

Ich mag (Seite 4 – 27)

Sprache untersuchen	Rechtschreiben	Mündlicher und schriftlicher Sprachgebrauch / Lesen	Lernwörter
Wortart Nomen kennen lernen (S. 10); Nomen zu den Buchstaben des eigenen Namens finden (S. 10); Nomen haben Artikel (S. 11); Tabelle anlegen und Nomen dem richtigen Artikel zuordnen (S. 11); Bestimmten und unbestimmten Artikel unterscheiden (S. 12); Nomen aus einem Text bestimmen (S.13); Aussagesatz als Informationseinheit, Punkt als Satzschlusszeichen (S.14); Satzgrenzen erkennen (S.15); Nomen bestimmen und nach Artikeln zuordnen (S. 25); Bestimmten und unbestimmten Artikel unterscheiden (S. 25); Satzgrenzen und Wortgrenzen erkennen (S. 26)	Alphabet lernen (S. 8); Abschreibregeln (S. 8); Wörter alphabetisch ordnen (S. 9); Wörter in der Wörterliste nachschlagen (S. 9); Großschreibung von Nomen (S. 10); Text abschreiben und den richtigen Artikel einsetzen (S. 12); Großschreibung am Satzanfang (S. 14); Text abschreiben, Satzanfänge und Punkte markieren (S. 15); Diktatform – Eigendiktat kennen lernen und üben (S. 15); Buchstaben im Alphabet finden (S. 24); Tiere nach dem Alphabet ordnen (S. 24); Mit der Wörterliste arbeiten (S. 24); Diktatübung (Eigendiktat) (S. 25); Diktatübung (Eigendiktat) (S. 26)	Freies Sprechen über eigene Wünsche im 2. Schuljahr, Gesprächsregeln aufstellen, Plakat mit Regeln gestalten (S. 6); Wünsche für die 2. Klasse formulieren (S. 7); Gedicht lernen (S. 8); Kurztext über einen Ausstellungsgegenstand verfassen (S. 11); Freies Sprechen zu Bildern von Lieblingstieren (S.13); Über ein Lieblingstier erzählen und schreiben (S.13); Vermutungen zu einem Text äußern (S.13); „Ich mag"-Sätze über ein Kind in der Klasse formulieren (S. 14); Zungenbrecher und Unsinntexte lesen und sprechen (S. 16); Zungenbrecher oder Unsinntexte ausdenken und sprechen (S. 16); Abc rückwärts aufsagen (S. 17); Lösungsvorschläge für Sabine finden (S. 18); Über eigene Gefühle sprechen (S. 18); Antworten zu Fragen mit Textstellen belegen (S. 21); Über Sofies Situation sprechen (S. 21); Lesen mit verteilten Rollen (S. 22); Überprüfung der Lesefähigkeit: Aus Sätzen mit minimalen Unterschieden den richtigen Satz zum Lesetext heraussuchen und abschreiben (S. 27), Jeweils von zwei Wörtern, das Zutreffende zum Lesetext finden und den Satz schreiben (S. 27)	spielen lesen rechnen lernen wollen – will Uhr Buch Bild Haus Wolke Baum Katze klein grau haben – hat schenken Schule mögen – mag – möchte sitzen denken

Vom Lesen und Schreiben (Seite 28 – 53)

Sprache untersuchen	Rechtschreiben	Mündlicher und schriftlicher Sprachgebrauch / Lesen	Lernwörter
Wörter mit gleichem Anfangsbuchstaben nach dem zweiten oder dritten Buchstaben ordnen (S. 31); Vokale und Konsonanten unterscheiden (S.32); Einzahl und Mehrzahl der Nomen (S. 34); Artikel bei Einzahl und Mehrzahl der Nomen (S. 34); Umlaute ä, ö, ü bei Mehrzahlbildung (S. 36); Worttrennung nach Silben (S. 37)	Vokale in Wörtern erkennen und einsetzen (S. 33); Reimwörter finden (S. 33); Gedicht abschreiben (S. 33); Einzahl und Mehrzahl bilden (S. 34); Diktatform – Partnerdiktat kennen lernen und üben (S. 35); Wörter mit Sp/sp am Wortanfang (S. 35); Wörter mit ie (S. 35); Silbentrennung (S. 37); Vokale und Umlaute einsetzen (S. 50);	Freies Sprechen: Warum lese ich gern (S. 28); Verschiedene Bucharten kennen lernen (S. 30); Fragen formulieren (S. 30); Lesekarten für die Klassenbücherei anlegen und alphabetisch ordnen (S. 31); Über Bücher und deren Figuren sprechen und schreiben (S. 32); Einen Reim lernen (S.33); Verschiedene Medien kennen lernen (S. 34); Über den Bauernhof sprechen (S. 36); Zum Briefeschreiben anregen (S. 37); Anrede und Unterschrift bei einem Brief (S. 37); Wie lerne ich auswendig? (S. 38); Gedicht lernen (S. 38); Über den eigenen Leseplatz sprechen (S. 41); Erlebnisse während des Lesens (S. 41); Anderen Schluss für die Geschichte finden (S. 43);	Hand Hund Mond Mund Riese Brief Zeitung Zeitschrift Radio Computer Tier viel lesen – liest Spaß Sport spielen

Sprache untersuchen	Rechtschreiben	Mündlicher und schriftlicher Sprachgebrauch / Lesen	Lernwörter
	Einzahl- und Mehrzahlbildung (S. 51); Wörter nachschlagen (S. 51); Wörter trennen (S. 52); Wörter nach dem ersten oder zweiten Buchstaben ordnen (S. 52); Silbentrennung (S.52)	Geschichte nachspielen (S. 43); Bildgeschichte mit Reizwörtern schreiben (S.43); Buchvorstellung (S.44); Autorin Cornelia Funke (S. 46); Lesetipp schreiben und Lesekartei zuordnen oder als Plakat gestalten (S. 47); Bibliothek kennen lernen, einen Besuch planen und Fragen an die Bibliothekarin überlegen (S. 48); Zum Bücher ausleihen anregen (S. 48); Überprüfen der Lesefähigkeit: Aus Sätzen mit minimalen Unterschieden den richtigen Satz zum Lesetext heraussuchen und abschreiben (S. 53), Jeweils von zwei Wörtern das zutreffende zum Lesetext finden und den Satz schreiben (S. 53)	

Wünsche und Träume (Seite 54 – 79)

Einführung Fragesätze (S. 58); Aus Vorgaben passende Verben aussuchen (Wortfeld propädeutisch) (S. 60); Einführung Verben (S. 61); Verben im Gedicht bestimmen und Grundform bilden (S. 61); Veränderung von Verben (S. 62/63); Wortstamm und Endung bei Verben (S. 63); Fragewörter (S. 67); Wortgrenzen, Satzgrenzen (S. 76); Satzarten unterscheiden (S. 76); Sätze aus vorgegebenen Teilen bilden (S. 76); Fragewörter richtig einsetzen (S. 76); Einzahl bei unregelmäßigen Verben (S. 77) Reimpaare in der Grundform und in der 1.Person Einzahl bilden (S. 77); Umlautung au zu äu bei Mehrzahlbildung (S. 78)	Wortgrenzen erkennen, Text korrigiert abschreiben (S. 57); Satzgrenzen erkennen, Satzschlusszeichen setzen, Satzanfänge groß schreiben (S. 57); Großschreibung der Nomen (S. 57); Satzschlusszeichen setzen (S. 59); Gedicht abschreiben (S. 61); Reimwörter zuordnen und erkennen, was bei Reimwörtern identisch ist (S. 64); Ein Gedicht (gereimten Text) vervollständigen (S. 65); Zwielaute (S. 65); äu – au (Mehrzahlbildung anbahnen) (S. 65); Fragewörter in vorgegebene Fragen einsetzen (S. 67); Satzschlusszeichen setzen (S. 76); Reimwörter (Verben) zuordnen (S. 77); Diktatübung (S. 77)	Lied „Traumzauberbaum“ singen (S. 54/55); Freies Sprechen und Schreiben über eigene Wünsche und Träume (S. 54–57); Ggf. Traumzauberbaum herstellen (S. 56); Schultraum aufschreiben (S. 59); Texte (Sätze) Bildern zuordnen, erkennen, dass es eine fortlaufende Geschichte ist (S. 60); Geschichte aufschreiben und einen eigenen Schluss finden (S. 60); Gedicht interpretieren (S. 61); Eigene Wünsche aufschreiben (S. 62); Sätze in der richtigen Reihenfolge den Bildern zuordnen und eigenen Schluss finden (S. 66); Eigene Wiesel-Geschichte erzählen und schreiben (S. 66); Fragen und Antworten anhand von Reimwortpaaren einander zuordnen (S. 68); Text in verteilten Rollen und im Chor lesen (S. 69); Über schlimme Träume sprechen (S. 71); Aus Text Sachinformationen entnehmen (S. 73); Lesen mit verteilten Rollen (S. 75); Einen Text genau lesen und deuten (S. 75); Verhalten von Kindern hinterfragen (S. 75); Überprüfen der Lesefähigkeit: Jeweils von zwei Wörtern das zutreffende Wort zum Lesetext finden und den richtigen Satz schreiben (S. 79), Aus Sätzen mit minimalen Unterschieden den richtigen Satz zum Lesetext heraussuchen und die entsprechenden Buchstaben zum Lösungswort zusammensetzen (S. 79)	Lehrerin Zeit träumen lachen erzählen wohnen schlafen essen weinen schließen freuen reden singen springen streiten Kind Nacht Traum Maus Raum was wer warum wie wo

Sprache untersuchen	Rechtschreiben	Mündlicher und schriftlicher Sprachgebrauch / Lesen	Lernwörter

Erleben und Beschreiben (Seite 80 – 103)

Einführung Wortfeld (S. 82); Satzteile zu Sätzen ordnen (S. 82); Wortfeld „sehen“ (S. 83); Wortfeld „gehen“ (S. 83); Grundform der Verben bilden (S. 83); Adjektive Dingen zuordnen (S. 84); Adjektive als Attribut verändern ihre Form (S. 85); Sätze mit Hilfe von Adjektiven verlängern (S. 88); Adjektive Gefühlen zuordnen (S. 90); Unterschiedliche Wortfelder zu Verben kennen lernen (S. 100); Adjektive Sinnen zuordnen (S. 101); Wortgrenzen (S. 102)	Passende Verben eines Wortfeldes auswählen (S. 82); Sätze aus Satzteilen bilden (S. 82); Wörter für „gehen“ in einen Text einsetzen (S. 83); In Sätze passende Adjektive in veränderter Form einsetzen (S. 85); Wörter mit D/d und P/p am Wortanfang (S. 87); Diktattext (S. 88); Nomen für Dinge nachschlagen (S. 88); Diktattext (S. 101); Wörter mit D/d und P/p am Wortanfang (S. 102)	Spielsachen beschreiben (S. 84); Dinge aus dem Klassenzimmer beschreiben (S. 85); Adjektive aus einem Gedicht bestimmen (S. 86); Andere Kinder beschreiben und erraten (S. 86); Einen eigenen Steckbrief schreiben (S. 87); Einen in Bildern vorgegebenen Vorgang beschreiben und umsetzen (S. 89); Ein Rezept geordnet aufschreiben (S. 89); Gefühle beschreiben (S. 90); Elfchen: Eine einfache Gedichtform kennen lernen (S. 91); Gedichtform ohne Reime kennen lernen (S. 91); Ein Elfchen mit Hilfe von Fragen zum Thema „Wiese“ dichten (S. 91); Ein eigenes Elfchen schreiben (S. 91); Naturmaterialien ertasten und beschreiben (S. 92); Körperteile benennen und darüber sprechen (S. 93/97); Zu Tierbeobachtungen anregen (S. 95); Über Behinderungen sprechen (S. 96); Gedicht lernen (S. 97); Einem Sachtext Informationen entnehmen (S. 99); Überprüfen der Lesefähigkeit: In vorgegebene Sätze zum Lesetext die richtigen Tiernamen einsetzen (S. 103), Aus jeweils zwei Sätzen zum Lesetext den richtigen heraussuchen und aufschreiben (S. 103)	gehen laufen rennen schauen weich rund flach groß glatt dick dicht dürfen – darf passen Preis schwarz bunt sehen – sieht allein sein

In anderen Ländern (Seite 104 – 127)

Einführung der Begriffe Grundform und Personalform (S. 108); Regel zur Wortverlängerung (S. 108); Markieren des Wortstamms (S. 108); Zusammengesetzte Nomen (S. 109); Artikel bei zusammengesetzten Nomen (S. 109); Einführung der Ausrufe- und Aufforderungssätze (S. 111); Anbahnen der Benutzung des Imperativs (propädeutisch) in Verbindung zu Aufforderungssätzen (S. 111);	Wörter mit T/t am Wortanfang (S. 106); Diktatübung (S. 106); Wörter mit Doppelkonsonanten (S. 106); Doppelkonsonant nach kurz gesprochenem Vokal (S. 112); Kurz und lang gesprochene Vokale markieren (S. 112); Silben zu einem Brief zusammenfügen (S. 114); Umformen eines Briefes in silbengetrennte Wörter (S. 114); Silben zusammenfügen (S. 115); Wörter mit St/st am Wortanfang (S. 115);	Englische Wörter im deutschen Sprachgebrauch (S. 106); Sinnentnehmendes Lesen, Bildbeschreibung, Schreiben einer Geschichte (S. 107); Sinnentnahme aus einem Sachtext (S. 110); Die eigene Meinung begründen (S. 110); Eine Frage selbstständig beantworten (S. 112); Aufschreiben einer Bildergeschichte nach vorgegebenen Wörtern (S. 113); Anregen zum freien Erzählen und Schreiben (S. 113); Einen Geheimbrief schreiben (S. 114); Spielregeln aufschreiben (S. 116); Einblick in die Struktur von Reimen anderer Sprachen, Kennenlernen eines Limericks (S. 117); Sinnentnehmendes Lesen (S. 119); Informationen sammeln (S. 119); Plakat erstellen (S. 119); Geschichte in eigenen Worten erzählen (S. 121);	sprechen – spricht Tasse Teller trinken fragen lieben sagen tragen verstehen Zelt Lager Treffen Feuer Platz Fluss fallen Wasser Ratte

Sprache untersuchen	Rechtschreiben	Mündlicher und schriftlicher Sprachgebrauch / Lesen	Lernwörter
Doppelkonsonanten (S. 112); Trennung bei Doppelkonsonanten (S. 114); Wortgrenzen (S. 115); Zusammengesetzte Nomen bilden (S. 124); Mehrzahl bilden (S. 124); Satzschlusszeichen (S. 125)	Diktatübung (S. 115); d oder t im Auslaut: Mehrzahl bilden und Reimwörter finden (S. 124); Satzschlusszeichen (S. 125); Wörter mit St (S. 125); Nomen zu Abbildungen und aus Anfangssilben bilden (S. 125); Lang und kurz gesprochene Vokale markieren (S. 126); Silbenrätsel (S. 126); Gedicht in richtige Form bringen (S. 126)	Beschreiben und malen (S. 121); Eine eigene Gespenstergeschichte schreiben (S. 121); Eine Geschichte weiterentwickeln (S. 122); Englische Fabel (S. 123); Überprüfen der Lesefähigkeit: Aus jeweils zwei Sätzen zum Lesetext den richtigen heraussuchen und aufschreiben (S. 127), Sätze zum Lesetext auf Richtigkeit prüfen und Buchstaben zum Lösungswort zusammenfügen (S. 127)	aufpassen schwimmen Stadt Stein stehen – stand steil Straße

Zeit vergeht (Seite 128 – 155)

Ersetzen von Nomen durch Pronomen, flektierte Verben (S. 130); Verwandtschaftsbezeichnungen, Paarbildungen (S. 130); Berufsbezeichnungen (S. 132); Verkleinerungsformen mit den Endsilben -chen und -lein (S. 136); Umlautung des Vokals bei Verkleinerungsformen (S. 137); Vorsilben zur Wortbildung (S. 138); Verben mit den Vorsilben ab-, ver-, vor- und zu- (S. 138); Gegenteilige Adjektive (S. 139); Kurz gesprochener Vokal vor Doppelkonsonant (S. 141); Zusammengesetzte Nomen (S. 152); Gegenteilige Adjektive (S. 154); Verben mit Vorsilben ab-, ver-, vor- und zu- bilden (S. 154)	Wochentage (S. 131); Zwielaut ei, Reime, Wörter mit K/k am Anfang (S. 133); Diktatübung (S. 137); Veränderung von Vokalen bei Verkleinerungen (S. 137); Wörter in Tabellen ordnen (S. 139); Wörter mit aa, ee, qu und x (S. 141); Doppelkonsonanten (S. 141); Wörter mit ee, qu und x (S. 152); Diktattexte (S. 152); Endung -in für weibliche Berufe, Aufschreiben des dazu gehörenden männlichen Berufs (S. 153); Aus Silben die Wochentage zusammensetzen (S. 153); Reimwörter finden, Endung -chen anhängen (S. 153)	Märchen aufgrund von Bildimpulsen erkennen, über Vergangenes sprechen (S. 128/129); Textvergleich (S. 130/131); Begründen der eigenen Meinung (S. 131); Aufschreiben des eigenen Tagesablaufs (S. 131); Formulieren von Berufswünschen (S. 132); Sinnentnehmendes Lesen (S. 133); Entstehung der Grimms Märchen (S. 134); Die Bedeutung von Zahlen in Märchen (S. 135); Märchen bestimmen (S. 134/135); Märchen nacherzählen (S. 135); Nach Bildern erzählen (S. 140); Eine Geschichte nach einer Bildfolge und vorgegebenen Satzfragmenten aufschreiben (S. 140); Merkmale von Märchen (S. 141); Lesen/Spielen mit verteilten Rollen (S. 143); Entwerfen einer Einladungskarte (S. 143); Spielen mit verteilten Rollen (S. 144); Text mit wörtlicher Rede lesen (S. 148/49); Oma-Geschichten schreiben (S. 149); Geschichten zu einem Buch oder Poster zusammenstellen (S. 149); Sinnentnehmendes Lesen (S. 151); Überprüfen der Lesefähigkeit: Aus Sätzen mit minimalen Unterschieden den richtigen Satz zum Lesetext heraussuchen und abschreiben (S. 155), Sätze zu einem Lesetext auf Richtigkeit überprüfen (S. 155)	Schwester Bruder Mutter Vater Tante Onkel Großvater Dienstag Donnerstag Freitag unternehmen Kleid klein kaufen heiraten weiß erkennen winzig Löffel Gabel Messer suchen lassen machen fahren rufen Hexe Meer See Haare quaken quer

Sprache untersuchen	Mündlicher und schriftlicher Sprachgebrauch / Lesen

Das Jahr (Seite 156 – 173)

Herbst	Jahreslauf anhand der Sonnenblume thematisieren (S. 156/157); Herbstlied singen (S. 158); Assoziationen zum Herbst (S. 159); Text mit verteilten Rollen lesen (S. 159); Sprache untersuchen: Herbstnomen finden (S. 159); Kleidung im Herbst (S. 160); Apfelrezept in richtiger Reihenfolge aufschreiben (S. 161); Apfelbuch herstellen (S. 161)
Winter	Text anordnen (S. 162); Über Weihnachtsplätzchen sprechen (S. 163); Sprache untersuchen: Verben zum Thema Backen finden (S. 163); Lesen in verteilten Rollen (S. 164/165); Sinnentnehmendes Lesen (S. 165); Spielen in verteilten Rollen (S. 166/167); Über Faschingsbräuche sprechen (S. 169); Masken herstellen (S. 169)
Frühling	Den Fortlauf eines Textes vermuten (S. 170); Über Aprilscherze sprechen (S. 172); Sinnentnehmendes Lesen (S. 173); Sprache untersuchen: Fragen in Aussagesätzen beantworten (S.173); Eigenes Elfchen schreiben (S. 173)
Sommer	Rechtschreiben: Reimwörter finden (S. 174); Eine Sommergeschichte aus Reizwörtern schreiben (S. 174); Sinnentnehmendes Lesen (S. 175); Plakat gestalten (S. 175)

Quellenangaben

S. 8: Schimmler, Ute: A und B und C. Originalbeitrag.

S. 16: Zungenbrecher. Volksgut.

S. 16: Schimmler, Ute: Lauter Unsinn. Originalbeitrag.

S. 17: Trautmann, Sabine: Anja ärgert sich. Originalbeitrag.

S. 17: Guggenmos, Josef: Das Abc im Rückwärtsgang. Aus: Guggenmos, Josef: Sonne, Mond und Luftballon. Gedichte für Kinder. Beltz Verlag, Weinheim und Basel 1984.

S. 18: Kreft, Marianne: Sabine. Aus: Hans-Joachim Gelberg (Hrsg.): Überall und neben dir. Beltz & Gelberg, Weinheim 1986.

S. 19: Mayer-Skumanz, Lene: Jakob ist traurig, Jakob ist froh. Aus: Mayer-Skumanz, Lene: Das Kindernest. Herder, Wien-Freiburg-Basel 1987.

S. 20: Krenzer, Rolf: Das wünsche ich mir. Aus: Krenzer, Rolf: Hallo, Tag & Mein Kalenderbuch. Lahn-Verlag, Limburg 1990.

S. 20: Schwarz, Regina: Wen du brauchst. Aus: Hans-Joachim Gelberg (Hrsg.): Überall und neben dir. Beltz & Gelberg, Weinheim 1986.

S. 21: Härtling, Peter: Sofie hat einen neuen Pullover. Aus: Härtling, Peter: Sofie macht Geschichten. Beltz & Gelberg Verlag, Weinheim/Basel 1987.

S. 22: McBratney, Sam / Jeram, Anita: Weißt du eigentlich, wie lieb ich dich hab? (Textauszug). Sauerländer Verlag, Frankfurt/Salzburg 1997.

S. 23: Schimmler, Ute: Lieblingstiere. Originalbeitrag.

S. 23: Morley, Christine: Die Katze aus dem Tierheim / Tadellos sauber. Aus: Morley, Christine: Katze. Moewig, Rastatt 1998.

S. 28: Paul, Jean: Bücher lesen … Aus: Franz, Kurt: Lesen macht stark. Alles über Bücher. Deutscher Taschenbuchverlag, München, 5. Auflage 1988.

S. 32: Guggenmos, Josef: Meine Bücher. Aus: Guggenmos, Josef: Das kunterbunte Kinderbuch. Herder Verlag, Freiburg 1962.

S. 33: Brender, Irmela: Simsalabim. Aus: Brender, Irmela: War mal ein Lama in Alabama. Oetinger Verlag, Hamburg 2001.

S. 38: Guggenmos, Josef: Der Brief. Aus: Guggenmos, Josef: Was denkt die Maus am Donnerstag? Georg Bitter Verlag, Recklinghausen 1967.

S. 39: Janosch: Post für den Tiger. (gekürzt) Aus: Janosch: Post für den Tiger. Beltz & Gelberg Verlag, Weinheim & Basel 1988.

S. 40/41: Moser, Erwin: Xaveria Rotpelz, die Bücherkatze. Aus: Moser, Erwin: Der Siebenschläfer. Beltz Verlag, Weinheim und Basel 1991.

S. 41: Lindgren, Astrid : Bücherduft. Aus: Lindgren, Astrid: Das entschwundene Land. Oetinger Verlag, Hamburg 1977.

S. 42/43: Steinwart, Anne: Ein Tiger will lesen. Aus: Steinwart, Anne: Kleine Mutmachgeschichten. Schulausgabe, Hase und Igel Verlag, Ismaning 2000.

S. 44: Funke, Cornelia: Lilli, Flosse und der Seeteufel. Fischer Taschenbuch Verlag GmbH, Frankfurt am Main 2000.

S. 45: Funke, Cornelia: Lilli, Flosse und der Seeteufel. Fischer Taschenbuch Verlag GmbH, Frankfurt am Main 2000.

S. 55: Ehrhardt, Monika / Lakomy, Reinhard: Der Traumzauberbaum. Aus: Ehrhardt, Monika / Lakomy, Reinhard: Der Traumzauberbaum, Geschichtenlieder. Edition Peters Leipzig / Dresden 1985. © Lakomy, Reinhard / Ehrhardt, Monika.

S. 61: Ruck-Pauquèt, Gina: Hausspruch. Aus: Wunder Welt. Schwann-Verlag, Düsseldorf 1968.

S. 64: Trautmann, Sabine: Der Elefant im Apfelbaum. Originalbeitrag.

S. 65: Trautmann, Sabine: Das wäre schön. Originalbeitrag.

S. 68: Könner, Alfred: Wovon träumt der Igel. Abel & Müller-Verlag, 1. Auflage Leipzig.

S. 69: Krüss, James: Wenn die Tiere träumen. Aus: Krüss, James: Der wohltemperierte Leierkasten. Bertelsmann, München 1989.

S. 70/71: Mai, Manfred: Der Schlumischubu. Aus: Die schönsten 1-2-3 Minutengeschichten. Verlag Ravensburg 2001.

S. 71: Ende, Michael: Zum Einschlafen zu murmeln. Aus: Das Schnurpsenbuch. Verlag Thienemann, Stuttgart 1979.

S. 72: Trautmann, Sabine: Winterschlaf. Originalbeitrag.

S. 73: Trautmann, Sabine: Winterschlaf. Originalbeitrag.

S. 74/75: Schubert, Ulli: Der flüsternde Tiger. Aus: Lesepiraten Kuschelgeschichten. Loewe Verlag, Bindlach 2001.

S. 86: Manz, Hans: Du. Aus: Manz, Hans: Mit Wörtern fliegen. Weinheim, Basel, Beltz 1995.

S. 92/93: Schulze, Hanneliese: Mit den Füßen sehen. Aus: Laterne, Laterne. Oetinger Verlag 2004.

S. 93: Trautmann, Sabine: Was mein Körper alles kann. Originalbeitrag.

S. 94: Heine, Helme: Heute geh ich aus dem Haus. Aus: Heine, Helme: Vom Sehen, Hören, Schmecken, Riechen und … Middelhauve Verlag, Köln, Zürich 1990.

S. 95: Trautmann, Sabine: Wie Tiere ihre Umwelt wahrnehmen. Originalbeitrag.

S. 96/97: Trautmann, Sabine: Sascha. Originalbeitrag.

S. 97: Schwarz, Regina: Meins. Aus: Gelberg, Hans-Joachim (Hrsg.): Augenaufmachen. 7. Jahrbuch der Kinderliteratur. Beltz Verlag, Weinheim / Basel 1984.

S. 98: Uebe, Ingrid: Spuk in der Speisekammer. Aus:

Ingrid Uebe: Kleine Spukgeschichten. arsEdition, München 2001.
S. 99: Trautmann, Sabine: Geschmackssache. Originalbeitrag.
S. 117: Englische Reime. Aus: Here we go. Ernst Klett Schulbuchverlag, Stuttgart 1991.
S. 117: Kipling, Rudjard / Dahl, Jürgen: Limerick. Aus: Dahl, Jürgen: Schmurgelstein, so herzbetrunken. In: Halbey, H. (Hrsg.), Carl Hanser Verlag München / Wien 1988.
S. 118/119: Annette Langen, Briefe von Felix, Illustrationen von Constanze Droop, Coppenrath Verlag Münster 1994.
S. 120/121: Schimmler, Ute: Spuk im Schloss. Originalbeitrag.
S. 122/123: Carroll, Lewis: Alice im Wunderland. Artia Verlag, Prag 1979.
S. 123: Wie ein listiger Sperling sein Leben rettete. Aus: 100 Märchen von Grimm und den großen Märchenerzählern der Welt. Neuer Jugendschriftenverlag Hannover 1973.
S. 134: Schimmler, Ute: Märchenbriefe. Originalbeitrag.
S. 136: Andersen, Hans-Christian: Däumelinchen. Gerstenberg 1989.
S. 141: Schimmler, Ute: Von der Hexe, die schwimmen lernen wollte. Originalbeitrag.
S. 142/143: Ziebarth, Ursula: Wie es kam, dass der Hamster den Tiger fraß. © Rechte liegen bei Ursula Ziebarth, Berlin.
S. 144: Das Rübenziehen. Aus: Ellermann, H. (Hrsg.): Russische Volksmärchen, Hamburg und München 1964.
S. 145: Bechstein, Ludwig: Das Natternkrönlein. Aus: Bechstein, Ludwig: Märchen und Sagen. Droemer Knaur München 1954.
S. 146/147: Lindgren, Astrid: Der Drache mit den roten Augen. Verlag Friedrich Oetinger, Hamburg 1986.
S. 148/149: Ruck-Pauquèt, Gina: Und vorher? Aus: Xalando 2, Tag- und Traumgeschichten, Ravensburg, o. J.
S. 150/151: Steinwart, Anne: Neue Schuhe. © Anne Steinwart.
S. 153: Der Wurm im Turm. Volksgut.
S. 156/157: Haas, Bärbel: Der Kern & Das Jahr der Sonnenblume. GT Verlag Würzburg 2000.
S. 158: Herbstlied. Ihr Blätter wollt ihr tanzen. Melodie: überliefert, Text: G. Lang. © G. Lang.
S. 159: Meiers, Kurt: Wir suchen den Herbst. Aus: Deutsch. Praxis Grundschule, Heft 4, 1988. Westermann Grundschulverlag GmbH, Braunschweig.
S. 160: Schölling, Josef: So ein dicker Nebel. Aus: Aschendorffs Lesebuch für Katholische Volksschulen. Aschendorffsche Verlagsbuchhandlung Münster 1965.
S. 162: Blum, Lisa-Marie: Im Advent. Oldenburg Verlag, o. J.
S. 163: Text: Pörsel, Ortfried: Wie's im ganzen Hause duftet. Aus: Die Zugabe, Band 4. Fidula-Verlag, Boppard / Rhein und Salzburg.
S. 164/165: Lindgren, Astrid: Guck mal, Madita, es schneit! Oetinger Verlag 1984.
S. 166/167: Michels, Tilde: Es klopft bei Wanja in der Nacht. DTV Junior, München 2000.
S. 168: Guggenmos, Josef: Ich male mir den Winter. Aus: Das Geisterschloss. Rowohlt Taschenbuchverlag, Reinbek 1974.
S. 169: Schweiggert, Alfons: Fasching, Fasnacht, verrückte Zeit. Aus: Wennís draußen früher dunkel wird, Band 2. Konstanzer Taschenbücher 1995.
S. 170: Nordqvist, Sven: Aufruhr im Gemüsebeet. Friedrich Oetinger Verlag, Hamburg 1991.
S. 171: Heine, Helme: Der Hase mit der roten Nase. Aus: Ein Middelhauve-Bilderbuch. Middelhauve Verlag, Köln und Zürich 1987.
S. 172: Lindgren, Astrid: April, April! Aus: Lindgren, Astrid: Mehr von uns Kindern aus Bullerbü. Oetinger Verlag, Hamburg 1968.
S. 173: Auf der Wiese. Aus: Lucht, Irmgard: Die Wiesenuhr. Verlag Heinrich Ellermann, München 1982.
S. 174: Künzler-Behncke, Rosemarie / Hoffmann, Klaus W.: Was im Sommer Spaß macht. Patmos Verlag.
S. 175: Schimmler, Ute / Trautmann, Sabine: Ferien zu Hause. Originalbeitrag.

Abbildungsnachweis

S. 4: Foto: Kinder mit Musikinstrumenten. © Photo Disc.
S. 4: Foto: Familie mit Liegestühlen am Strand. © MEV, Augsburg.
S. 4: Foto: Kind mit Katze im Gras. © IFA-Bilderteam-Weststock.
S. 4: Foto: Mädchen zeichnet mit Kreide auf dem Schulhof. © Corbis (Macduff Everton).
S. 5: Foto: Kinder mit Eltern beim Fahrradausflug. © Corbis (LWA-Stephen Welstead).
S. 5: Foto: Junge liegt in der Hängematte. © Corbis (LWA-Dann Tardif).
S. 5: Foto: Kinder schauen ins Buch. © Corbis (O'Brien Productions).
S. 5: Foto: Kinder auf dem Schulhof. © Corbis (O'Brien Productions).
S. 11: Cover: Salah Naoura. Der große Hund ist weg! © Verlag Friedrich Oetinger, Hamburg.
S. 12: Foto: Katzenmutter mit vier Jungen. © Reinhard Tierfoto, Heiligkreuzsteinach.
S. 13: Foto: Junge mit Elefant. © Corbis (Ariel Skelley).
S. 22: Illustration aus dem Buch „Weißt du eigentlich, wie lieb ich dich hab?" (Hase auf Baumstumpf und Hase mit ausgestreckten Armen) Illustrations from the book GUESS HOW MUCH I LOVE YOU © 1994 Anita Jeram. Reproduced by permission of Walker Bokks Ltd. Published in German language by Patmos Verlag GmbH & Co. KG.
S. 22: Cover from the book GUESS HOW MUCH I LOVE YOU © 1994 Anita Jeram. Reproduced by permission of Walker Bokks Ltd. Published in German language by Patmos Verlag GmbH & Co. KG.
S. 23: Foto: Schwarze Katze auf zwei Pfoten stehend. © Corbis (Pat Doyle).
S. 23: Foto: Wellensittich blau. © MEV, Augsburg.
S. 23: Cover: Meine Katze. Haustiere für Kinder. © 1998 by Usborne Publishing Ltd. © der deutschsprachigen Ausgabe: 1999 by Annette Betz Verlag in Verlag Carl Ueberreuter, Wien-München.
S. 36: Foto: Mädchen mit Kalb. © Corbis (Randy Miller).
S. 44: Cover: Renate Welch. Das Vamperl. (Lesebär) © dtv junior, München 1981, 19. Auflage 1997.
S. 44: Cover: Marjorie Weinman Sharmat. Nick Nase und der große Detektiv. / Umschlagillustration: Detlev Kersten, aus: Marjorie Weinman Sharmat: NICK NASE, DER GROSSE DETEKTIV © der deutschen Ausgabe bei 1997 by Ravensburger Buchverlag Otto Maier GmbH, Ravensburg.
S. 44: Cover: Cornelia Funke. Lilli, Flosse und der Seeteufel. (Schatzinsel) © 1998 by U. Fischer Taschenbuchverlag, Frankfurt.
S. 46: Foto: Cornelia Funke. © Wolfgang Stelljes, Bad Zwischenahn.
S. 46: Cover: Cornelia Funke. Emma und der Blaue Dschinn. Igel records. © Aktive Musik, Dortmund.
S. 46: Cover: Cornelia Funke / Daniela Kulot. Dicke Freundinnen. © Verlag Friedrich Oetinger, Hamburg 1998.
S. 46: Cover: Eva Kutter (Hrsg.). Die schönsten Erstlesegeschichten von Cornelia Funke. (Schatzinsel) © by U. Fischer Taschenbuchverlag, Frankfurt/Main 2002.
S. 46: Cover: Cornelia Funke. Greta und Eule, Hundesitter. (Schatzinsel) © by U. Fischer Taschenbuchverlag, Frankfurt.
S. 48: Foto: Bibliothek, Ausleihe. © Corbis (Ed Young).
S. 48: Foto: Bibliotheksausweis Bremen. © Andreas Röckener.
S. 48: Foto: Bibliothekseingang Bremen. Ute Schimmler, Bremen.
S. 49: Foto: Kinderbibliothek / Karteikästen. © Corbis.
S. 49: Foto: Leseecke in Bibliothek. © Corbis (Mug Shots).
S. 73: Foto: Schlafplatz eines Igels. © Helga Lade Fotoagentur (Geoff du Feu), Frankfurt.
S. 75: Cover: Ulli Schubert. Lesepiraten, Kuschelgeschichten. © Loewe Verlag, Bindlach 2001.
S. 82: Foto: Eichhörnchen. © Jürgen Weber, Bad Münder.
S. 82: Foto: Eichhörnchen im Sprung. © Reinhard-Tierfoto, Heiligkreuzsteinach.
S. 82: Foto: Eichhörnchen. © Okapia (B. Cavignaux, BIOS), Frankfurt.
S. 86: Kinder-Portraits: Peggy Groß, Leipzig. © Mauritius (Coll, Age, Dolphin Productions und Lehn). © Helga Lade Fotoagentur (J. Günther). © Helga Lade Fotoagentur (E.R.N.S.T.).
S. 89: Foto: Frischkäsedipp. © Helga Lade Fotoagentur (Weiss).
S. 93: Kind in Denkerpose. © Focus (Gerard Vandystadt), Hamburg.
S. 95: Foto: Hund, schnüffelnd. © Mauritius (Pokorski), Mittenwald.
S. 95: Foto: Ratte. © Getty Images (Geoff du Feu), München.
S. 95: Foto: Biene mit Fühlern. © Corel.
S. 95: Foto: Stubenfliege auf Nahrung. © Arco Digital Images, Lünen.
S. 99: Foto: Arzneiflasche, braun. © MEV, Augsburg.
S. 99: Foto: Lutscher. © MHFotoDesign
S. 99: Foto: Salzstreuer. © MEV, Augsburg.

S. 99: Foto: Zitrone im Querschnitt. Stockfood Photo Stock Agency (Steven Morris), München.
S. 104: Foto: Großbritannien; Schafherde an der Küste von Kimmeridge. © Focus (Snowdon, Hoyer).
S. 104: Foto: Großbritannien; Stonehenge. © Okapia, Frankfurt.
S. 104: Foto: Großbritannien; Cornwell, Südengland. © Mauritius (Pigneter).
S. 104: Foto: Großbritannien; Tower Bridge, London. © Mauritius (Vidler).
S. 104: Foto: Großbritannien; Cambridge. © Helga Lade Fotoagentur (P. Thompson).
S. 107: Thomas Gainsborough: The cottage girl. © Courtesy of The National Gallery of Ireland.
S. 108: Foto: Kinder in Schuluniform in England. © Topham Picturepoint, Edenbridge Kent.
S. 116: Foto: Kinder spielen „Himmel und Hölle". © Mauritius (age).
S. 118/119: Cover und Abbildungen: Briefe von Felix. Annette Langen und Constanza Droop, Briefe von Felix © 1994 Coppenrath Verlag, Münster, Germany.
S. 130: Foto: Heuernte, Landwirtschaft historisch. © ullstein bild (Leithäuser), Berlin.
S. 130: Foto: Familie, historische Heimarbeit. © ullstein bild, Berlin.
S. 131: Foto: Fahrradausflug. © Corbis (LWA-Stephen Welstead).
S. 131: Foto: Familie bei Frühstück. © Mauritius (age fotostock).
S. 132: Foto: Frau am Waschbottich. Aus: Das Paradies kommt wieder ... Hrsg. vom Museum der Arbeit. VSA – Verlag, Hamburg.
S. 133: Foto: Frau im Seidenkleid. © Corel.
S. 143: Foto: Papiermasken. Angela Hock-Schatz, Zell.
S. 153: Foto: Köchin. © Focus (Jan Riephoff, 1996).
S. 153: Foto: Polizistin. © Mauritius (Ripp).
S. 153: Foto: Verkäuferin. © Mauritius (Hublaka).
S. 153: Foto: Seehundstation. © Okapia, Frankfurt.
S. 158: Foto: Herbstblatt, herabfallend. © Corbis (Bill Binzen).
S. 159: Foto: Spinnennetz mit Tautropfen. © MEV, Augsburg.
S. 160: Foto: Natur im Nebel. © Focus (Nathan Benn, Florida 1984).
S. 161: Foto: Äpfel und Apfelstücke. © Corbis.
S. 167: Cover: Tilde Michels. Es klopft bei Wanja in der Nacht. © dtv junior.
S. 169: Fotos: Karneval im Schwarzwald. © Focus (Snowdon/ Hoyer).
S. 169: Foto: Kinder in Clownskostümen. © Mauritius (PowerStock).
S. 170: Cover: Sven Nordqulst. Aufruhr im Gemüsebeet. © Verlag Friedrich Oetinger, Hamburg.